中國兵學大系

【12】

百將圖傳

《百將圖傳》
《古今女將傳贊》

李浴日◎選輯

百將圖傳序

百將圖傳二卷傳各一人圖各一事兩生中丞輯刋以訓士卒者盍席其知方之略而生其督効之誠以見伊古將才生不擇地用不擇人一旦建不世之功足以震驚中外非偶然焜耀旂常也夫將才之難也運用之妙善乎乘機紀律之明恃乎立法而又氣足以懾之智足以決之鋪觀乎前史已然之迹以審求成敗得失之由設身於艱鉅交集之塲頓發其敵愾同仇之誼若者爲大將若者爲名將傳須徧婦孺閭合到孫吳古今人何必相懸遠耶予忝專閫歷有年所日簡材官以練其技武爰起偏裨建牙方面者不乏其人焉二吳之士抑吾

舊部也回憶壬癸間趨兵東下始與軍人共甘苦滬瀆上枕戈鳴柝夜分喁喁大抵懷忠憤志果毅相詔相勉此景恍在目前仰賴

天子神靈事得早藏昔之壯士今猶盛年人雖椎魯習曉公義召之南畝還之南畝聽其羸老豈不重自削弱乎哉且大難克平民氣初靖江海之交涵淹百族憑陵狡伺往往而有中丞既捐養吾人又訓廸之亦固以備他盜與非常乎我士卒益宜講明節度謹守條教上副

國家諮求頗牧之勤循覽是編亦使予舉義淝淮之初志一暢焉然則中丞之注意將才又豈唯善撫吾人已哉同治九年十月合肥李鴻章序

序

謹案

四庫兵家將苑一卷舊本題漢諸葛武侯撰百將傳一
百卷宋張預撰廣名將譜十七卷不著撰人名氏百將
傳始太公終劉鄩傳末綜論行事以孫子兵法比合之
立說迂淺將苑及廣名將譜則又坊肆依託三書均列
存目未稱盡善日昌奉
命撫吳承綠營窳弊之餘大亂甫定鄰疆猶儆饟紛沓
無暇自顧屯練僅就撫標額兵併饟精募常日討而訓
之其人大抵淮徐驍果經戰之士足振往日頹靡顧英
畧而知方之難也吾是以有百將圖之作始周訖明皆

取其卓然可師尚者令吾軍人以投原餘暇轉相講說
徐觀其材之可用與否夫兵事之可言者器也法也其
不可强者智也勇也而所以鼓其智勇運其器法者仁
也廉也緩急有事文武股肱非其人莫勝
國家捍圉之任然則兵可不慎謀而良將可不深注意
哉古人言兵之可恃在明其分數又言運用之妙存乎
一心未有離準繩規矩而求神明變化者則是書亦造
就將才之資也同治九年夏六月豐順丁日昌序

百將圖傳上目錄

衛青　鉗徒論相

霍去病　渡河受款

祭遵　雅歌投壺

王霸　冰合滹沱

馮異　荒亭進粥

耿弇　宮臺望戲

寇恂　高平斬使

賈復　受檄擊鄾

吳漢　無終奪軍

馬援　聚米為山

臧宮　城門斷限

甘甯　酌酒厲兵

鄧艾　隂平鑿險

王濬　鐵鎖沈江

陶侃　官齋運甓

周處　長橋搏蛟

朱伺　鐵面督戰

毛寶　踏鞍拔箭

王鎮惡　蒙衝泝渭

周訪　塚間埋肉

檀道濟　唱籌量沙

沈慶之　狐帽嚇蠻

礑溪坐

釣

呂尚 周

呂尚者東海上人本姓姜從其先祖封於呂故名呂尚字子牙尚抱經天緯地之才嘗著有六韜備言陰陽遂爲兵書之祖時值商紂暴虐避居東海之濱坐石磯垂釣絲不設餌釣不曲鈎每言不釣魚鼈獨釣王侯人多笑之困窮老矣聞西伯賢善養老遂往歸焉入岐州復釣於磻溪之上欲干西伯西伯自羑里歸將出獵命卜有所獲否卜者曰所獲非龍非彲非虎非羆乃王霸之輔西伯喜而獵果遇尚於渭水之陽與語大悅曰吾先君太公嘗曰當有聖人興周子其是耶太公望子久矣故又號曰太公望載與俱歸時年八十有二西伯尊之

爲師問政。對曰。爲國有三策。敬天勤民親賢而已。西伯善之。是時天下三分有二。西伯事殷不改。至武王嗣位紂惡愈甚。武王方修文王之業。尊太公爲師尚父。鷹揚東伐。太公因左仗黃鉞。右秉白旄以誓衆曰。蒼兕蒼兕。總爾衆庶。與爾舟楫。後至者斬。遂觀兵於盟津。諸侯不期而會者八百國。皆曰紂可伐也。遂克商。武王封師尚父於齊。後之言兵者。皆宗太公六韜爲本謀。

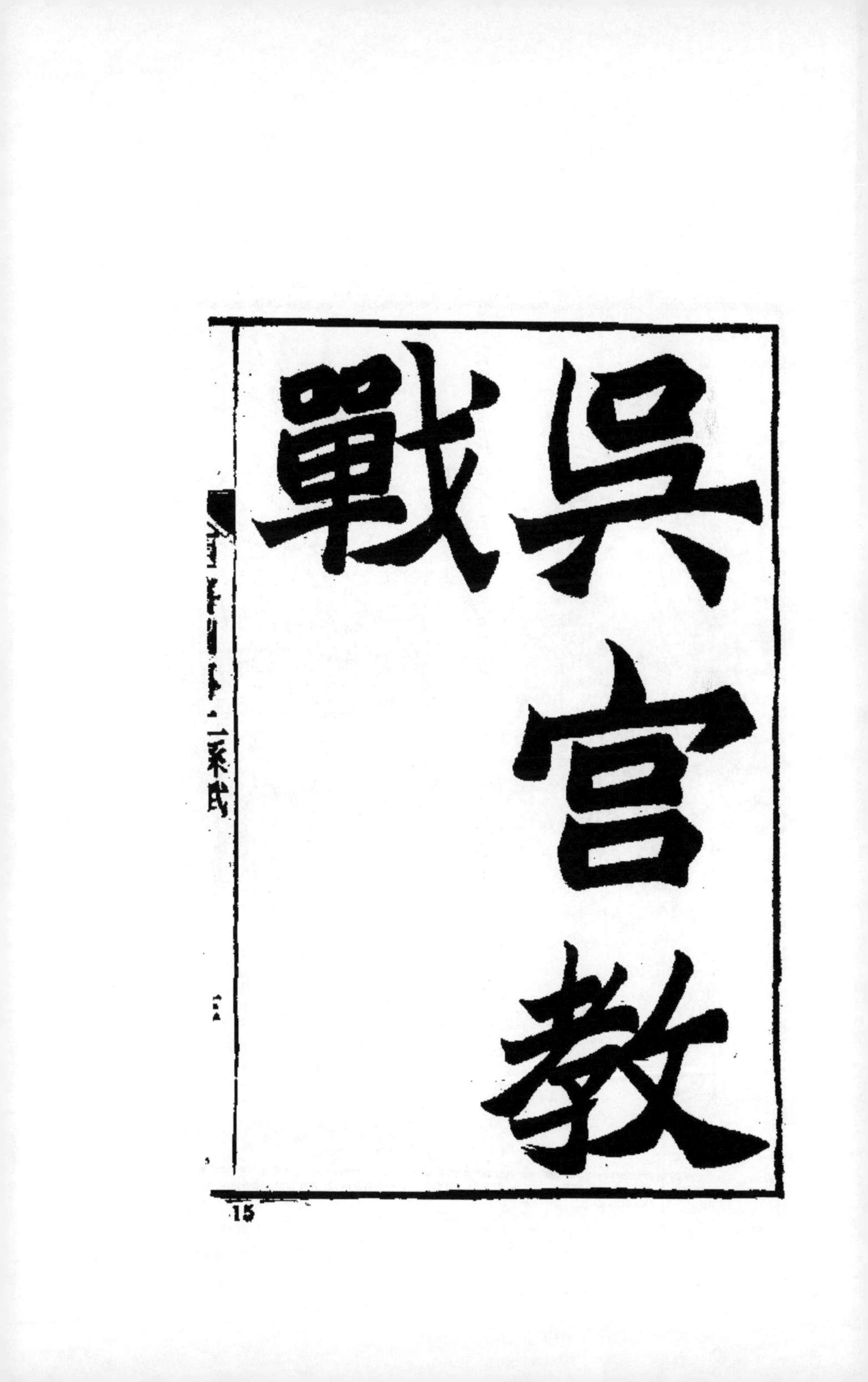

兵官教戰

[illegible]孫氏

孫武 周

孫武者齊人也善用兵著孫子十三篇吳王闔廬往見之難之曰子之十三篇吾已盡觀矣然言之易行之難子可小試勒兵乎孫子曰可吳王又難之曰勇悍易柔弱難子可試以婦人乎孫子曰可吳王異之乃出宮中美婦百八十人命孫子教戰孫子受命遂分爲二隊以王之寵姬二人各爲隊長皆令持戟因教之曰汝知汝心與左右手與背乎婦人曰知之孫子曰凡鼓前則視心左則視左手右則視右手後則視背不可違婦人曰諾孫子約束既布設鈇鉞三令五申於是鼓之右婦人以爲戲而大笑孫子曰約束不明申令不熟將之過也

復三令五申而鼓之左婦人復大笑孫子曰令申令既已明而鼓之不如法者吏士之罪也法當斬因命斬左右二隊長吳王從臺上觀大駭趣使下令勿斬孫子曰臣已受命爲將矣將在軍君命有所不受遂斬二姬以殉用其次爲隊長復鼓之婦人左右前後跪起悉如紀律無敢出聲孫子乃使使報王曰兵已整齊請王下觀惟王所用雖赴水火可也吳王心知孫武能用兵遂以爲將

馬陵伏弩

孫臏 周

孫臏者孫武之後世子孫也與龐涓同學兵法後歸齊田忌忌數與諸公子馳逐重射博利前者勝臏見其馬足不甚相遠而馬有上中下輩往往相配而出故勝負不決因謂忌曰取君下駟與彼上駟取君上駟與彼中駟取君中駟與彼下駟忌如之既馳三輩畢忌一不勝而再勝卒得王千金於是忌以孫臏爲能進於威王威王問以兵法遂以爲師

魏使龐涓伐韓齊威王使忌爲將臏爲師以救韓直走大梁龐涓聞之去韓歸救魏遂齊師臏因謂忌曰兵法百里而趣利者蹶上將五十里而趣利者軍半至因使

齊軍入魏地爲十萬竈明日爲五萬又明日爲二萬涓
見之喜曰我固知齊軍怯入吾地三日亡去過半矣乃
棄其步軍與其輕銳倍日併行逐之臏度其行暮當至
馬陵馬陵道狹可伏兵乃斫大樹白而書之曰龐涓死
此樹下因合萬弩夾道伏期日暮見舉火而發涓果夜
至斫樹下見白書乃鑽火燭之萬弩俱發魏軍大亂龐
涓乃自剄曰遂成豎子之名臏以此名重天下世傳其
兵法

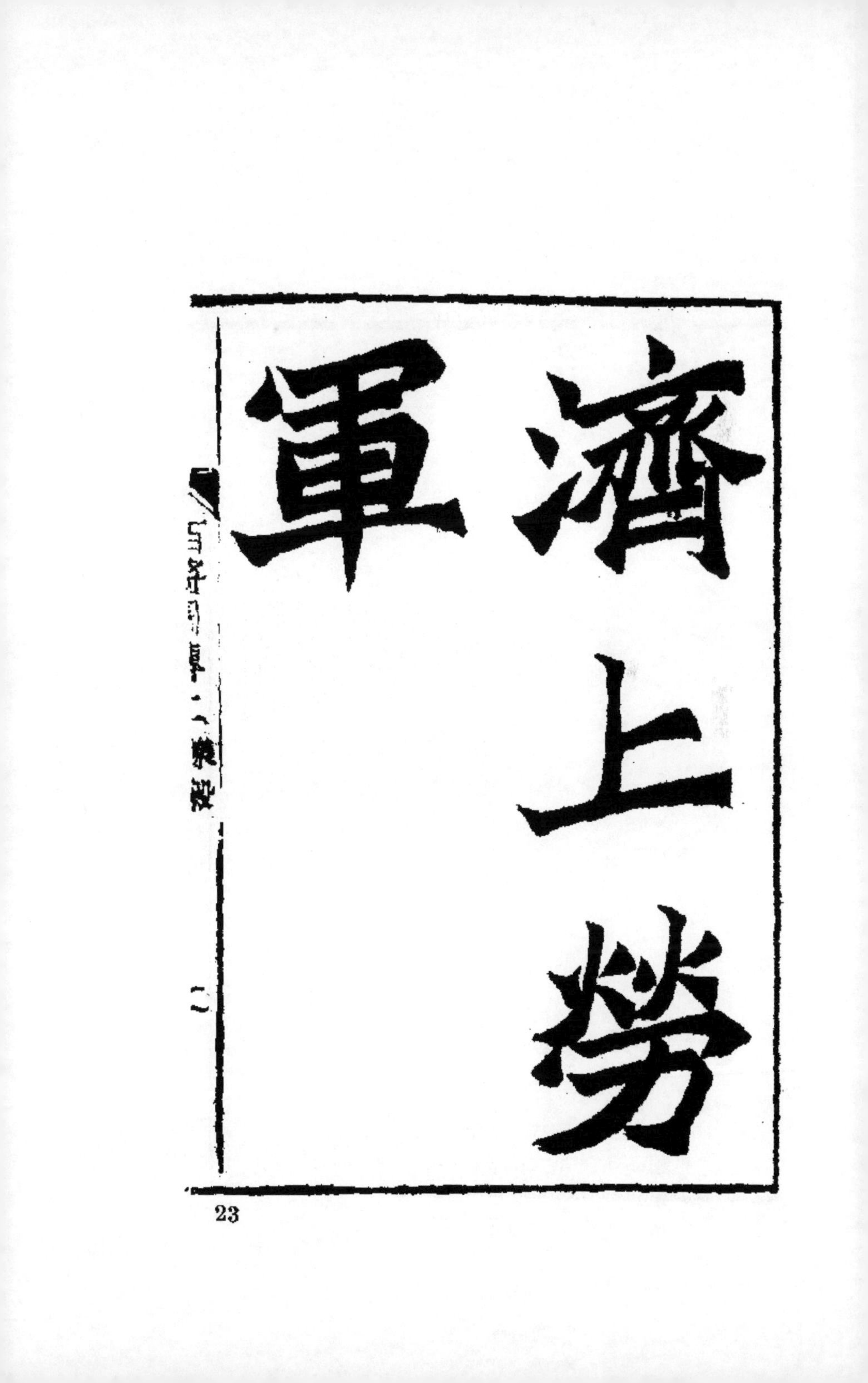

濟上勞
軍

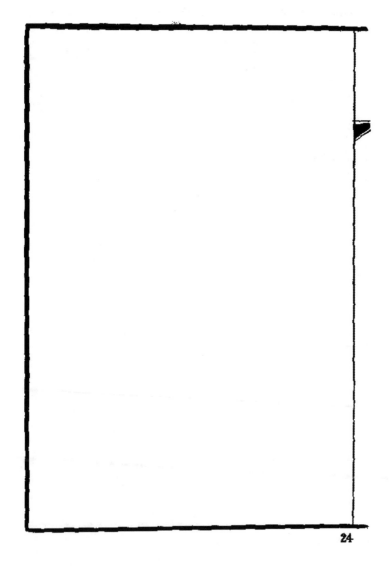

樂毅 傳

樂毅者。其先祖曰樂羊。爲魏文侯將。伐取中山。有功。文侯封以靈壽。子孫因家焉。毅生而賢。善用兵。是時齊大敗燕。燕昭王怨齊。未嘗一日忘報。毅因請於魏王。而使燕。燕昭王一見。卽以客禮待之。毅感其誠。遂委質而臣燕。昭王喜。竟以爲亞卿。因問伐齊之事。毅對曰。齊地大人衆。未易獨攻也。王必欲伐之。莫若與趙及楚魏合。燕昭王以爲然。因別遣使連楚魏。先使毅約趙惠文王。毅復令趙嚮秦以伐齊之利。是時諸侯正害齊之驕暴。皆爭合從。與燕伐齊。毅還報。燕昭王悉起兵。使毅爲上將軍。趙惠文王復以相國印授毅。毅遂幷護趙楚韓魏燕

以伐齊。因大破之濟西。諸侯兵罷歸。而毅將燕軍獨追

至臨淄。齊湣王敗亡走保於莒。樂毅攻入臨淄。盡取齊

寶財物祭器輸之燕。燕昭王大悅。親至濟上。勞軍行賞

饗士。封樂毅於昌國。號爲昌國君。

雁門縱

牧

百將圖傳　二　李牧

李牧 附

李牧者趙之北邊良將也常居代雁門備邊患爲約曰邊若有患急入收保邊士願請一戰牧乃選車得千三百乘選騎得萬三千匹百金之士五萬人（曾經戰受賞百金者）彀者十萬人悉勤習戰然後大縱畜牧人民滿野邊寇小入佯北不勝以數千人委之單于聞之大率衆來入牧出其不意多爲奇陣張左右翼擊之遂大破單于十餘萬因而奔走不敢犯趙邊境者十有餘年

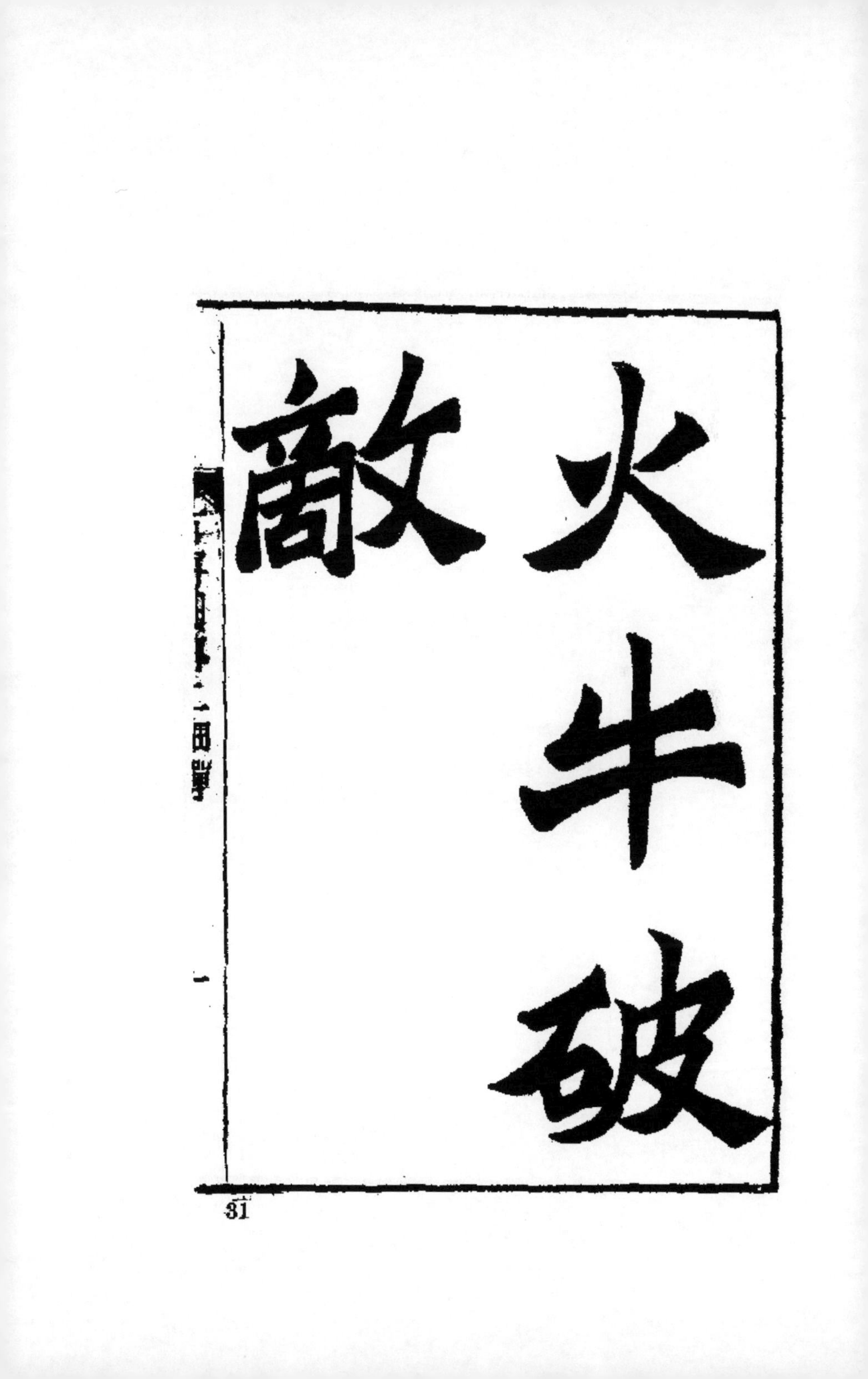

火牛破敵

田單 周

田單者齊諸田疏屬也湣王時爲臨淄市掾燕使樂毅破齊單時在安平知必有變令宗人盡斷其車軸末以鐵籠之已而燕軍攻安平城壞齊人走爭塗多以轊折車敗爲燕所虜惟單宗人以車鐵籠故得脫燕圍即墨即墨士大夫知單鐵籠之智遂推單爲將軍因宣言曰吾惟恐燕軍劓所得齊卒置之前列與我戰即墨殘矣燕人聞之如其言城中見齊降者盡劓愈堅守恐爲所得單又縱反間曰吾恐燕人掘我城外塚墓可爲寒心燕人果掘燒死人城上望見涕泣欲戰怒百倍單知士卒可用乃身操版插與士卒分功妻妾編行

伍閒令甲士皆伏老弱女子乘城遣使約降於燕又收民金千鎰令卽墨富家賂燕將願無虜掠吾族家妻妾燕將大喜由此益懈單乃收城中牛千餘絳衣龍文束兵於角束炬於尾燒其端夜縱牛出壯士五千隨之走燕軍燕軍大驚以爲神師也城上鼓譟從之老弱皆擊銅器爲聲聲震天地燕軍奔走齊人遂殺其將騎刦而齊七十餘城皆復

登壇拜將

韓信

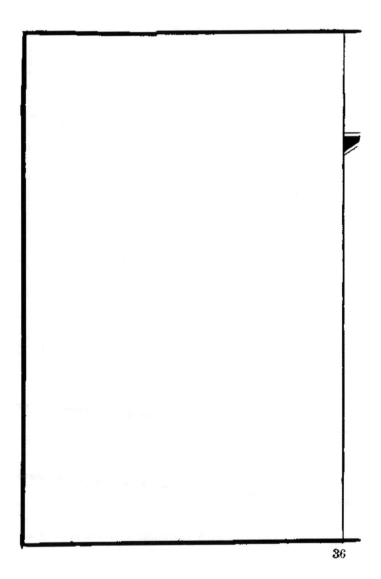

韓信 漢

韓信者淮陰人也布衣時不能治生釣於城下諸母漂有一母見信飢飯信終漂數十日信喜謂漂母曰吾必有以重報母母怒曰大丈夫不能自食吾哀王孫而進食豈望報乎後數與蕭何語何奇之言於漢王拜爲將擇良日齋戒設壇場具禮諸將皆喜人人各自以爲得大將至拜大將乃韓信也一軍皆驚

韓信與張耳以兵數萬東下井陘擊趙未至井陘口三十里半夜傳發選輕騎二千人持一漢幟從間道萆山而望趙軍誡曰趙見我走必空壁逐我汝疾入趙壁拔趙幟立漢赤幟平旦大戰良久信佯走趙果空壁逐之

信所出奇兵二千騎入趙壁拔趙幟立漢赤幟趙軍退還歸壁皆漢赤幟大亂漢兵夾擊之大破趙兵

淮陰少年嘗謂信雖長大好帶刀劒怯耳衆辱信曰能死刺我不能出胯下於是熟視俛出胯下一市皆笑信以爲怯後信爲楚王召所從食漂母賜千金召辱己少年令出胯下者以爲中尉告諸將曰此壯士也方辱我時甯不能死死之無名故忍而就此

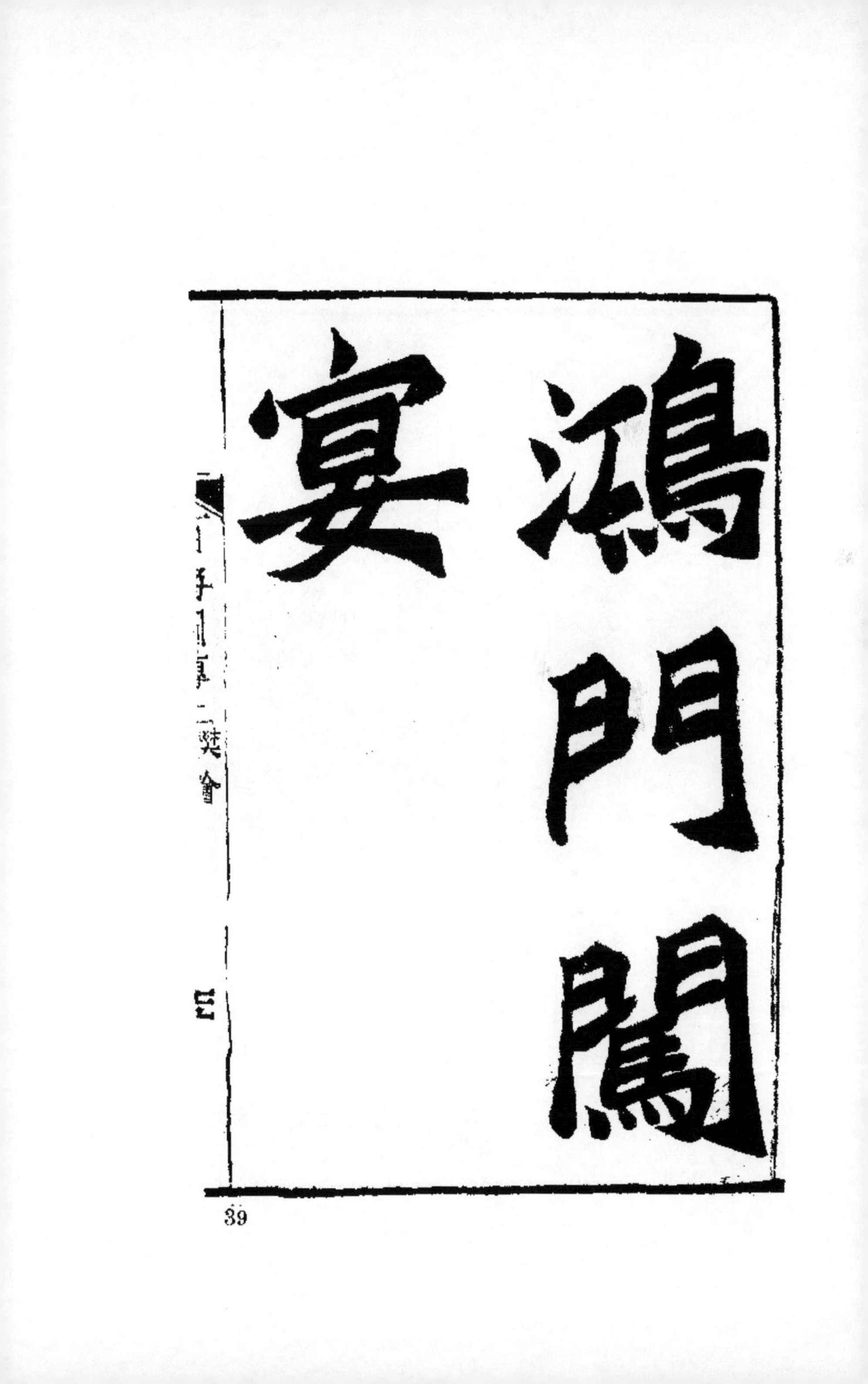

鴻門闖宴

樊噲

樊噲沛人也以屠狗爲事後與高祖俱隱於芒碭山澤閒陳勝初起蕭何曹參使噲求迎高祖立爲沛公噲以舍人從沛公擊章邯攻城先登斬首二十三級賜爵列大夫從攻陽城先登下戶牖破李由軍斬首十六級賜上閒爵項羽在戲下欲攻沛公沛公從百餘騎因項伯面見項羽謝罪項羽既饗軍士鴻門中酒亞夫謀欲殺沛公令項莊拔劍舞坐中欲擊沛公項伯常屏蔽之時獨沛公與張良得入坐樊噲居營外聞事急乃持盾入初入營營衞止噲噲直撞入立帳下怒目皆裂髮上指冠項羽目之問爲誰張良曰沛公驂乘樊噲也項羽曰

壯士賜之卮酒彘肩噲既飲酒拔劍切肉食之項羽曰
能復飲乎噲曰臣死且不辭豈特卮酒乎且沛公先入
定咸陽暴師霸上以待大王今日至聽小人之言與沛
公有隙臣恐天下解心疑大王也項羽默然沛公如廁
麾噲去是日微噲奔入營譙讓項羽沛公幾殆

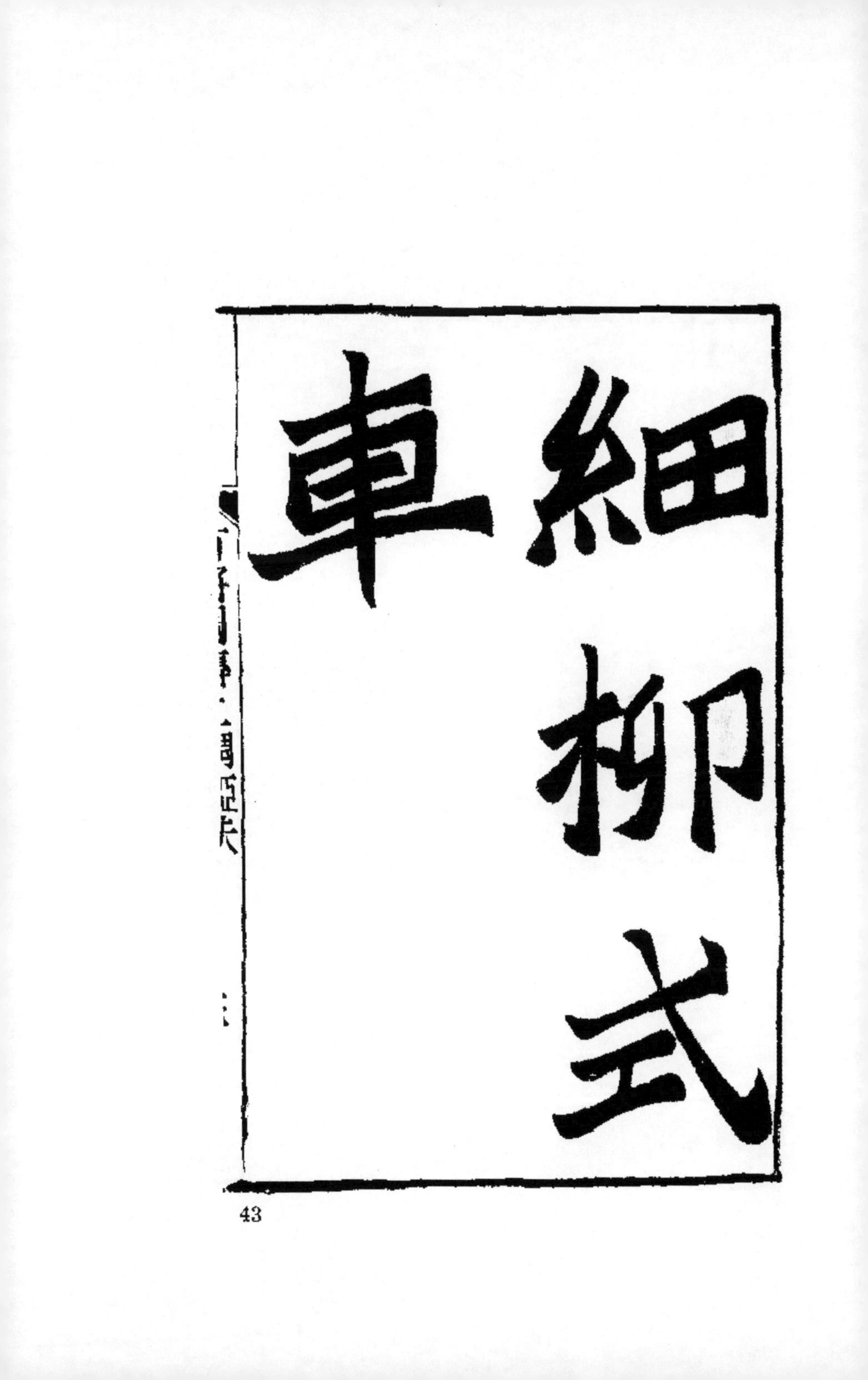

細柳式車

周亞夫 漢

周亞夫者絳侯勃子也漢文帝封為條侯文帝六年匈奴大入邊亞夫為將軍軍細柳上自勞軍軍士披甲銳兵刃彀弓弩持滿天子先驅至不得入先驅曰天子且至軍門都尉對曰將軍令曰軍中聞將軍令不聞天子之詔上至又不得入乃使使持節詔將軍吾欲入勞軍亞夫乃傳言開壁門壁門士吏謂從屬車騎曰將軍約軍中不得驅馳於是天子乃按轡徐行至營將軍亞夫持兵揖曰介冑之士不拜請以軍禮見天子為動改容式車使人稱謝皇帝敬勞將軍成禮而去

孝景三年吳楚反亞夫為太尉東擊吳楚吳方攻梁梁

急請救太尉引兵走昌邑深壁而守梁日使使請太尉守便宜不肯往梁上書言景帝景帝使使詔救梁太尉堅壁不出而使輕騎絕吳楚兵後食道吳兵乏糧飢數欲挑戰終不出夜軍中驚內相攻擊擾亂至太尉帳下太尉終臥不起後吳奔壁東南太尉使備西北已而其精兵果奔西北不得入乃引而去太尉出精兵追逐大破之降其兵月餘越人斬吳王頭以告而吳楚平

冥山射虎

李廣 漢

李廣者隴西成紀人也漢景帝時為上郡太守匈奴入上郡景帝使中貴人從廣擊之中貴人以數十騎馳騁見匈奴三人與戰三人射傷中貴人殺其騎且盡中貴人奔告廣廣曰此必射鵰者也乃以百騎往殺其二人生得一人果射鵰者也縛之上馬匈奴驚盡上山列陣有白馬將出護其兵廣突前射殺之胡兵至夜半皆引去廣乃歸其大軍李廣與兄弟共獵於冥山之北見臥虎焉射之一矢即斃斷其髑髏以為枕示服猛也鑄銅象其形為溲器示厭辱之也他日復獵於冥山之陽又見臥虎射之沒矢飲羽進而視之乃石也其形類虎退

而更射鏃破簳折而石不傷

鉗徒論相

衞青 漢

衞青。字仲卿。嘗從人至甘泉。有一鉗徒相青曰。貴人也。官至封侯。青笑曰。人奴之生。得免笞罵。即足矣。安得封侯事乎。元光六年。以椒房戚拜爲車騎將軍。擊匈奴。斬首虜數百騎。賜爵關內侯。是後凡匈奴犯邊。皆有斬獲。又畧定邊地甚廣。遂拜青爲大將軍。益封青八千七百戶。三子皆侯。

衞青擊匈奴。諸將各斬獲有功。獨蘇建以三千騎戰敗。盡亡其軍。獨以身歸。青問建罪當如何。周霸曰。自大將軍出。未嘗斬裨將。今建棄軍。可斬以明將軍之威。青曰。青幸得以肺腑待罪行間。不患無威。而霸說我以明威。

甚失臣意。且使臣職雖當斬以臣之尊寵而不敢專
誅於境外其歸天子自裁之。於以風爲人臣不敢專權。
不亦可乎。軍吏皆曰善。

渡河受
款

霍去病 漢

霍去病者。大將軍衛青姊子也。年十八善騎射。從大將軍。爲嫖姚校尉。嘗與輕勇騎八百直棄大軍數百里赴利。斬獲首虜過當。封爲冠軍侯。後爲驃騎將軍。與公孫敖李廣張騫等分道擊匈奴。去病涉鈞耆濟居延。遂臻小月氏。斬獲甚衆。諸宿將士馬皆不如去病。由是去病日以親貴。比大將軍。

渾邪王欲降漢。使人馳傳以聞。上恐其詐降而襲邊。乃令去病將兵往迎之。去病既渡河。與渾邪衆相望。渾邪王裨將多不願降。欲遁去。去病乃馳入與渾邪王相見。斬其欲亡者八千人。遂獨遣渾邪王乘傳先詣行在。然後將其降者號十萬人渡河歸上封渾邪王爲漯陰侯嘉去病之功以千七百戶益封驃騎將軍上嘗欲教之孫吳兵法去病對曰顧方畧何如耳不至學古兵法上爲治第對曰匈奴未滅何以家爲上益重愛之

雅歌投壺

祭遵 漢

祭遵字弟孫潁川潁陽人光武破王尋等還過潁陽遵以縣吏數進見留爲門下吏從征河北爲軍市令舍中兒犯法遵格殺之光武怒命收遵主簿劉副諫曰明公常欲衆軍整齊今遵奉法不避是教令行也光武乃貰之以爲刺姦將軍謂諸將曰當避祭遵吾舍中兒犯法尙殺之必不私諸卿也

拜征虜將軍南擊弘農厭新柏華蠻中賊弩中遵口洞出流血衆見遵傷稍引退遵呼叱止之士卒戰皆百倍遂大破之時新城蠻中山賊張滿屯結要隘爲人害詔遵攻之遵絕其糧道滿數挑戰遵堅壁不出而厭新柏

華餘賊復與滿合遵乃分兵擊破之張滿饑困賊拔生獲之遵爲將軍取士皆用儒術對酒設樂必雅歌投壺雖在軍旅不忘俎豆可謂好禮悅樂守死善道者也遵卒後遇朝會帝每歎曰安得憂國奉公之臣如祭征虜者乎

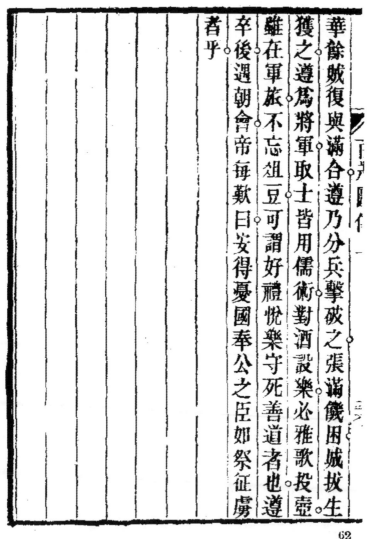

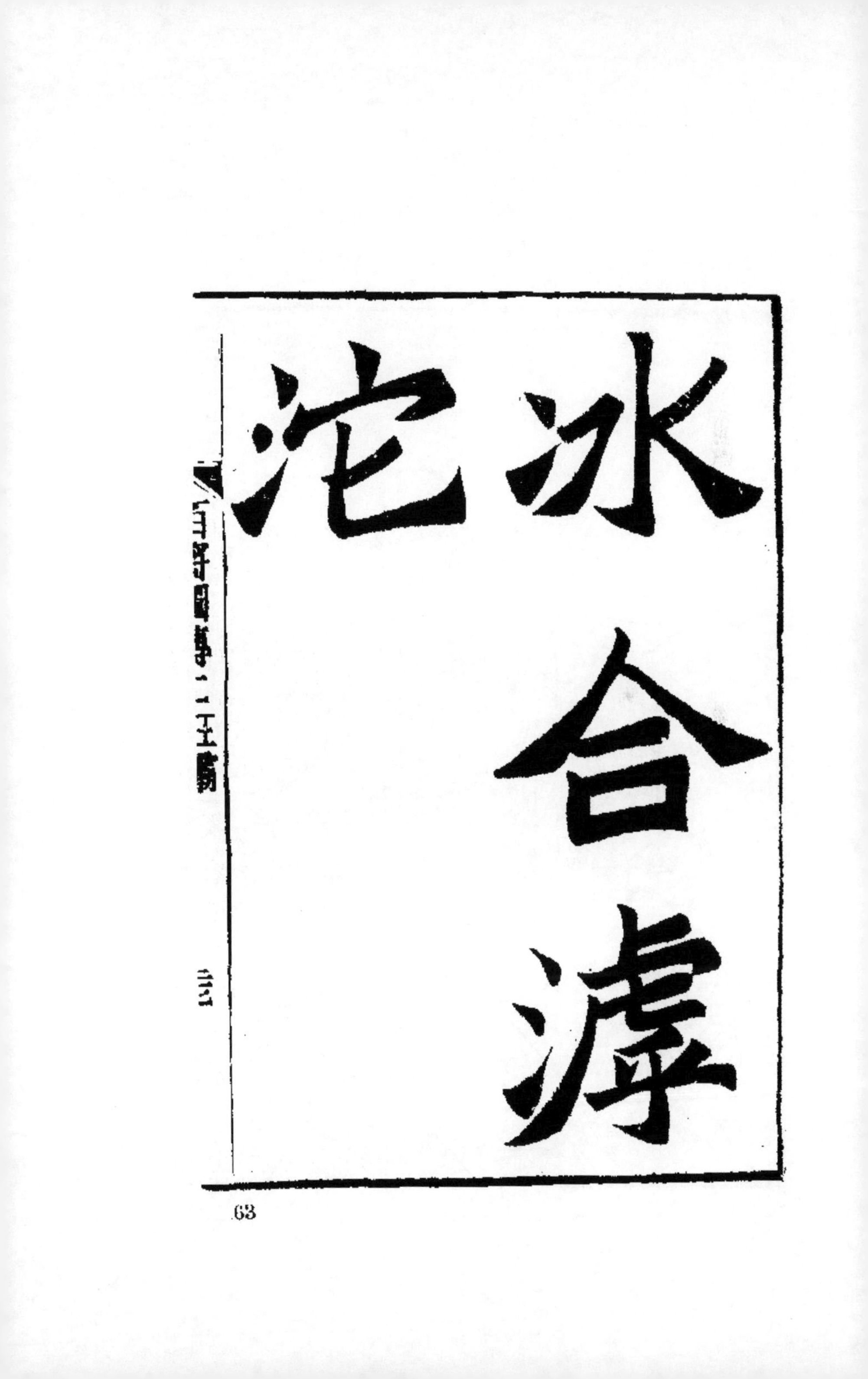

冰合滹沱

王霸 漢

王霸字元伯潁州潁陽人也光武南馳至滹沱河王郎兵在後候吏譁言河水流澌無船不可渡官屬大懼帝遣霸往視之霸返詭曰冰堅可渡官屬皆喜遂前河冰果合乃令霸護渡未畢數騎而冰解帝曰王霸權以濟事殆天瑞也帝即位拜霸爲偏將軍使與捕敵將軍馬武討周建蘇茂將四千餘人救建先遣精騎遮武軍糧武往救之建從城中出兵夾擊武武恃霸之援戰不甚力軍敗奔霸營呼救霸曰敵兵盛出必兩敗努力而已乃閉營堅壁軍吏皆爭之霸曰茂兵精銳衆多吾吏士心恐而捕敵與吾相恃敗道也今閉營固守捕敵無救

其戰自倍吾乘其敝乃可克也茂建果悉出攻武武合
戰良久霸乃開營後出精騎夾擊茂建敗走霸武始各
歸營既而賊復挑戰霸方饗士作樂茂雨射營中中霸
前酒樽安坐不動軍吏皆曰茂前日已破今易擊也霸
曰客兵遠來糧食不足故數挑戰以徼一勝今閉營休
士所謂不戰而屈人之兵也賊不得戰乃引還營其夜
建兄子誦反閉城拒之茂建遁去誦以城降

荒亭進
粥

馮異 漢

馮異字公孫潁川文城人也好讀書通左氏春秋孫子兵法光武道經文城異開門以牛酒迎光武念之遂以異爲主簿及王郎起光武自薊東南馳至饒陽蕪蔞亭時天寒冽衆皆飢疲異具豆粥及至南宮遇大風雨光武引車入道旁空舍異抱薪鄧禹爇火光武對竈燎衣異復進麥飯兎肩因復渡滹沱河使異別收河間兵還拜偏將軍異爲人謙退不伐諸將並坐論功異常獨立樹下軍中號大樹將軍

建武三年春拜異爲征西大將軍與鄧禹鄧宏共攻赤眉異與賊約期合戰先使壯士變服與赤眉同伏於道

側旦日赤眉使萬人攻異前部異分兵救之賊見勢弱
遂悉衆攻異異乃縱兵大戰日昃賊氣少衰伏兵卒起
衣服相同赤眉不復識別衆遂驚潰異乘勝追擊大破
之降者八萬人

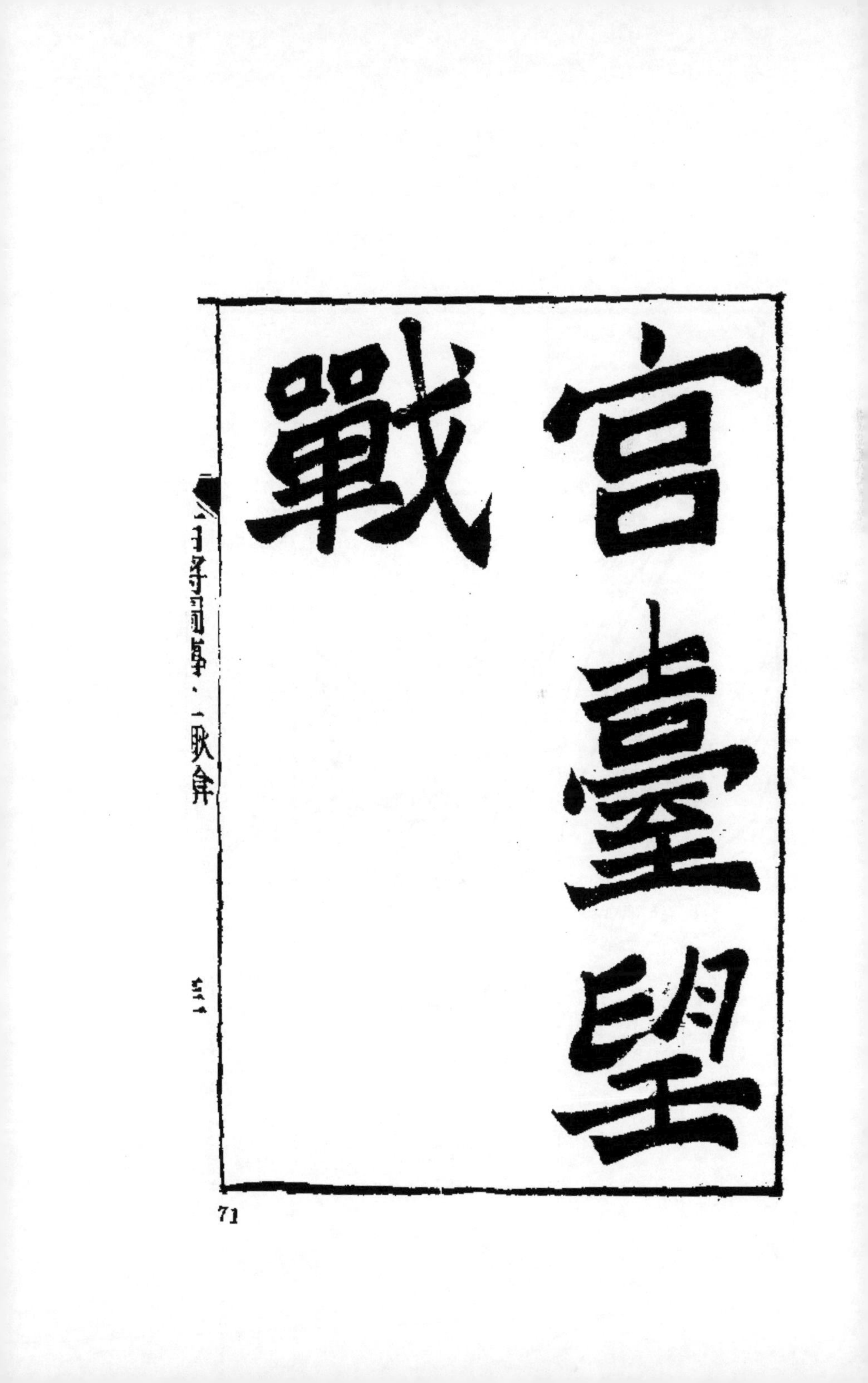

官臺望
戰

耿弇 漢

耿弇字伯昭茂陵人也少習父明經之學因見郡尉試騎士建旌旗肄馳射由是好將帥之事光武時封好時侯建武五年詔弇進討張步步使大將軍費邑軍歷下邑遣其弟敢守巨里弇乃進兵先脅巨里使多伐木揚言以塡塞坑塹後三日當悉力攻巨里陰緩生口令得生還以告邑邑果自將精兵以救之弇喜曰吾揚言欲誘致邑來耳今邑來適合吾所求也卽分三千人守巨里自引精兵上岡坂乘高合戰大破之斬邑首以示巨里城中城中懼費敢悉衆亡歸張步弇因縱兵擊諸未下者四十餘營遂定濟南弇兵出淄水上張步氣盛直

攻弇營與劉歆等合戰弇升王宮壞臺望之覩歆等交鋒乃自引精兵橫突步陣於東城下大破之飛矢中弇股弇以佩刀截之左右無知者時帝在魯聞弇為步所攻自往救之未至陳俊謂弇曰劇賊兵盛可且閉營休士以待上來弇曰乘輿且到臣子當擊牛釃酒以待百官反欲以賊虜遺君父耶乃出兵大戰自旦及昏復大破之

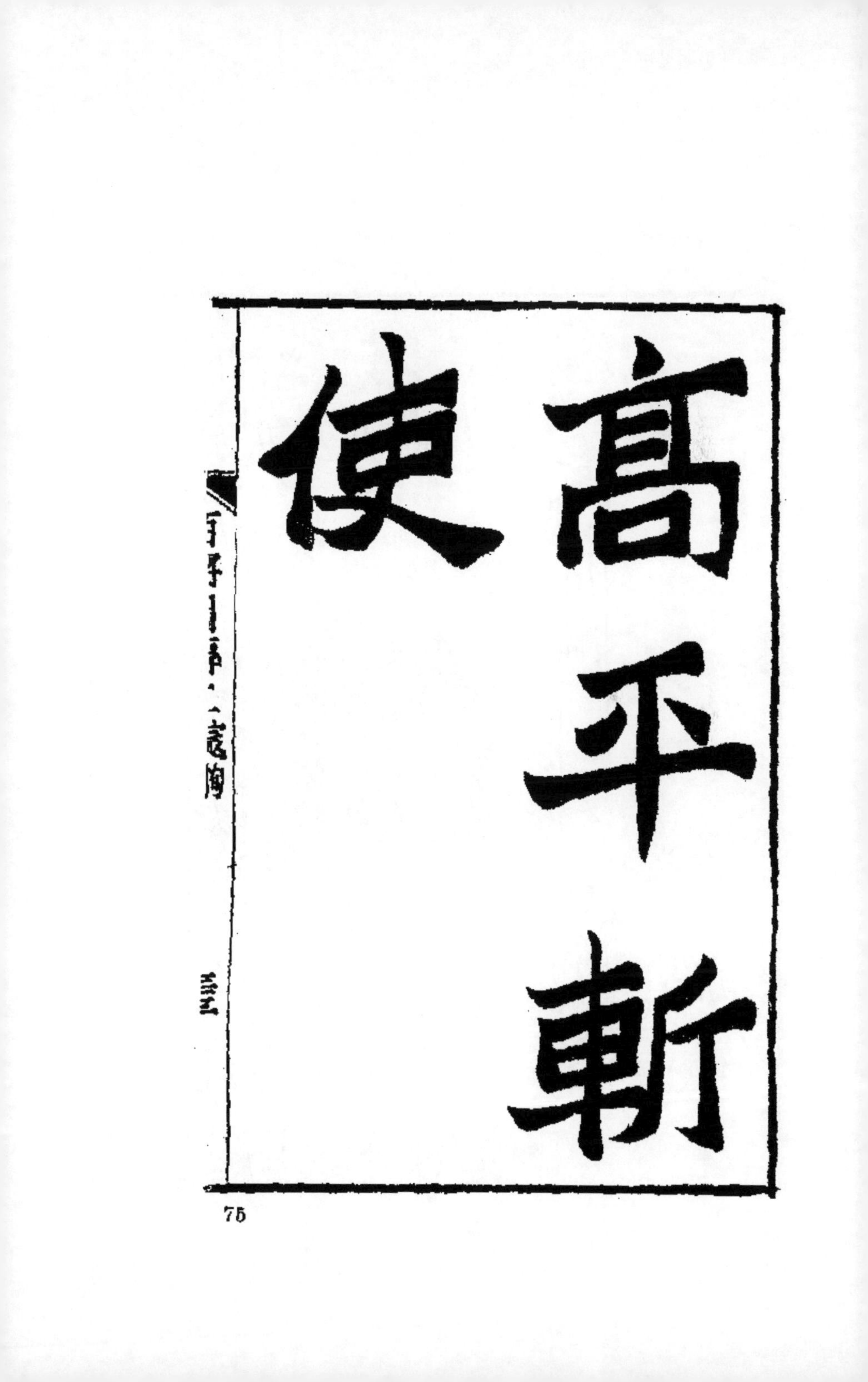

高平斬

使

寇恂 漢

寇恂字子翼上谷昌平人也初爲上谷郡功曹後拜偏將軍及光武南定河南而難其守問於鄧禹禹曰寇恂文武足備乃拜恂河內太守更始將朱鮪聞光武北伐以河內必孤遂使蘇茂賈强將兵三萬渡鞏攻温檄書至恂卽勒軍馳出軍吏諫曰宜待衆軍畢集乃可恂曰温乃郡之籓蔽失温則郡不可守遂馳赴之適馮異遣救至旛旗蔽野乃令士卒乘城大呼曰劉公兵到蘇茂軍聞之陣動恂因奮擊大破之斬賈强

隗囂將高峻據高平大將軍耿弇圍之不克帝親征遣恂以璽書招降峻遣軍師皇甫文出謁辭禮不屈恂怒

命誅文。諸將曰。今欲降之。反戮其使。無乃不可。恂不應。竟斬之。遣其副歸告峻曰。軍師無禮。已戮之。欲降則降。不降則固守。峻惶恐。卽日開門降。諸將皆賀。因曰。敢問殺其使而降其城。何也。恂曰。皇甫文。峻之腹心。今來辭意不屈。必無降心。全之則文得其計。殺之則峻亡其膽。是以降耳。諸將皆服曰。非所及也。恂經明行修。名重朝廷。所得秩俸。厚施朋友故人。嘗曰。吾因士大夫以致此。其可獨享乎。人稱長者。以爲有宰相器。

受檄擊
郾

賈復 漢

賈復字君文南陽冠軍人光武在河北復因鄧禹得召見光武與語奇之禹亦稱其有將帥節乃以復爲破敵將軍督盜賊復馬羸光武解左驂賜之從擊青犢於射犬衆大戰至日中賊陣堅不却光武傳召復曰吏士皆饑可且朝飯復曰先破之然後食耳因披甲先登所向皆靡賊乃敗走諸將咸服其勇

光武即位拜復爲執金吾封冠軍侯時更始郾王尹尊及諸大將在南方未降者尚多帝召諸將議兵事因以檄叩地曰郾最彊宛爲次誰當擊之復率然對曰臣請擊郾帝笑曰執金吾擊郾吾復何憂遂遣復擊郾連戰

破之。月餘。尹尊降。盡定其地。復從征伐。未嘗喪敗。數爲諸將潰圍解急。身被十二創。帝以復敢戰。深入。希令遠征。常自從之。故復少方面之勳。諸將每論功自伐。復未嘗有言。帝輒曰。賈君之功。我自知之。定封膠東侯。

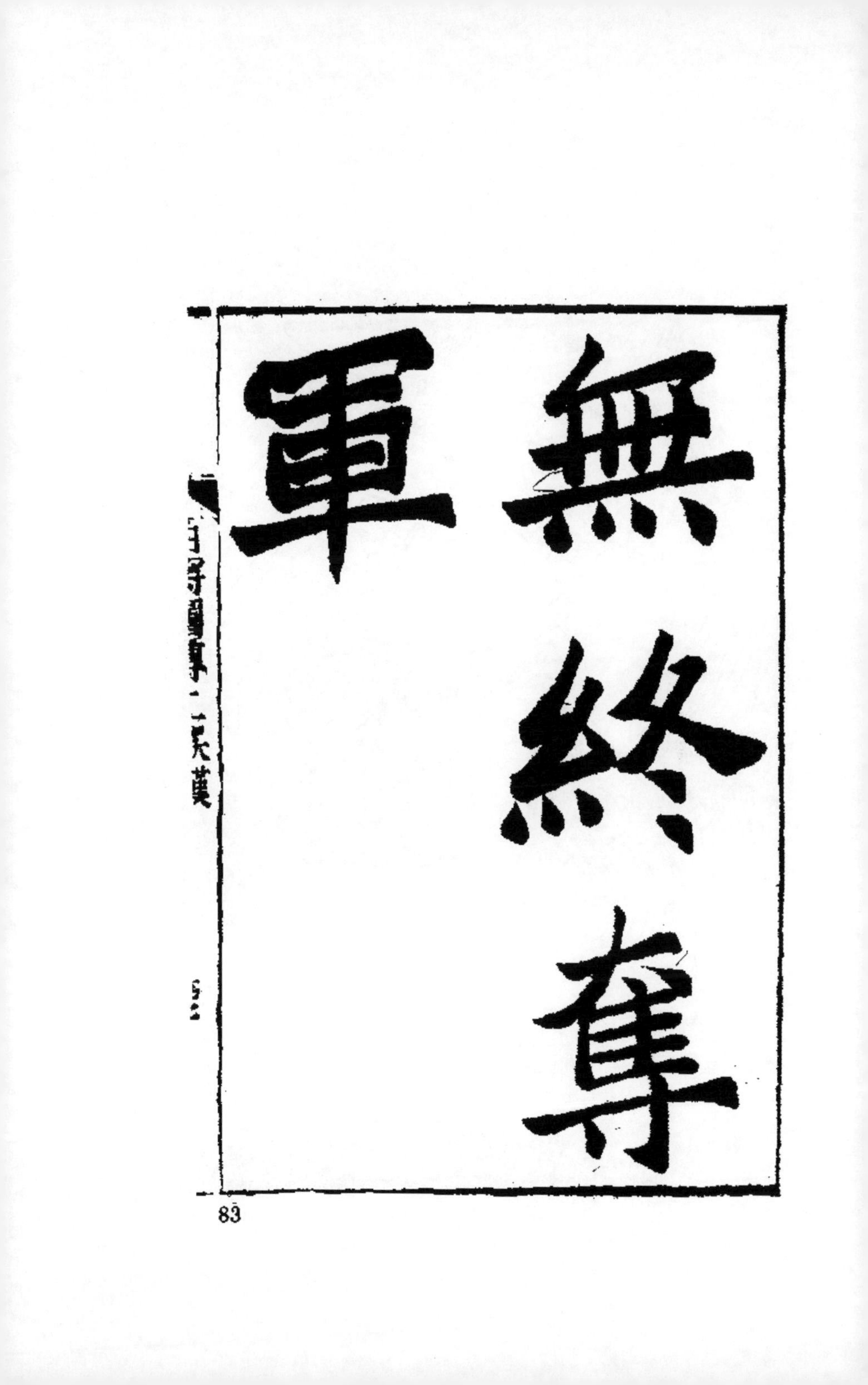

無終奪
軍

吳漢

吳漢。字子顏。南陽宛人。光武將發幽州兵。問可使行者。鄧禹薦漢。卽拜大將軍。持節北發十郡突騎。更始幽州牧苗曾聞之。陰勒兵敕諸郡不應調。漢將二十騎先馳至無終。曾以漢無備。出迎於客舍。漢卽揮兵斬之。而奪其軍。北州震駭。遂悉發其兵。引而南。與光武會淸陽。諸將見漢士馬強盛。皆曰。是寧肯分與人耶。及漢至幕府。上兵簿。諸將人人多請之。光武曰。屬者恐不與人。今所請又何多也。諸將皆慙。

漢伐公孫述。連勝。拔廣都。帝戒漢勿輕進。漢因乘利進逼成都。去城十餘里。阻江北為營。作浮橋。使副將劉尙屯河南。相去二十餘里。帝聞大驚。讓漢曰。公既深入。又與尚別營。緩急不復相及。尚敗。公即敗矣。幸無他者。急還廣都。詔書未到。述果遣謝豐袁吉十萬衆攻漢。別將萬人刼尚。漢與大戰一日。兵敗走入壁。豐吉圍之。漢召諸將曰。今與劉尚二處受圍。勢既不接。其禍難量。若潛師就尚於江南。大功可立。諸將曰。諾。遂閉營三日。多立旛旗。烟火不絕。夜銜枚出。與尚合軍。豐等不覺。明日分兵拒水北。自攻江南。漢悉兵迎戰。大破之。斬豐吉。於是引還廣都。

聚米為
山

馬援 漢

馬援字文淵扶風茂陵人少有大志為部督郵送犯至司命府見有重罪援哀而縱之遂亡命北地遇赦因留牧畜轉游隴漢閒嘗謂賓客曰丈夫為志窮當益堅老當益壯因處田牧至有牛馬羊數千頭穀數萬斛既而歎曰凡殖貨財產貴其能施賑也否則守錢奴耳乃盡散以頒昆弟故舊身衣羊裘皮袴

帝自西征囂至漆諸將多以王師之重不宜深入險阻計猶豫未決會召援夜至援因說帝隗囂將帥有土崩之勢兵進有必破之狀又於帝前聚米為山谷指畫形勢開示眾軍所從道徑往來分晰曲直昭然可曉帝曰

斂在吾目中矣。明旦遂進軍囂衆大潰。

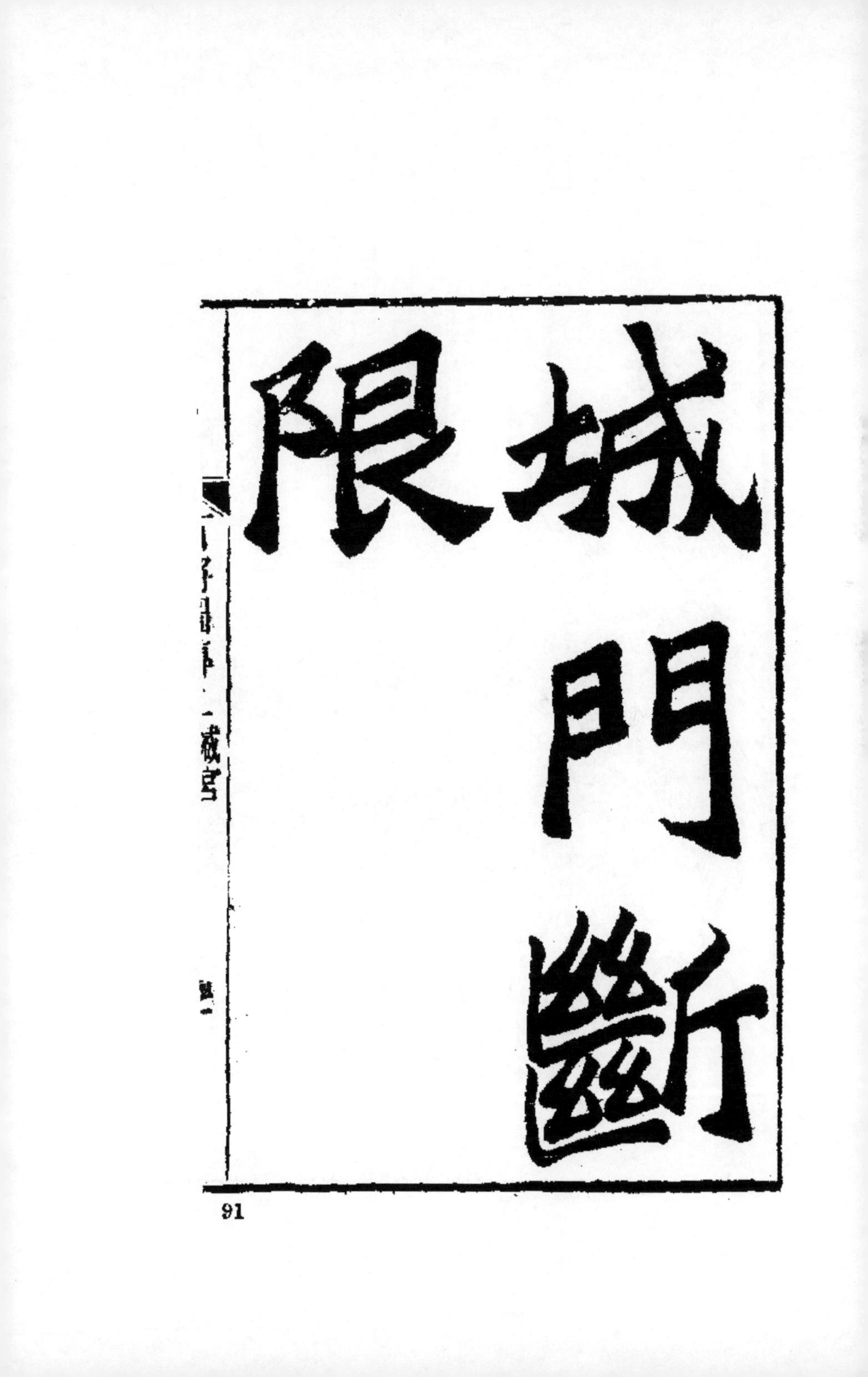

城門斷限

臧宮 漢

臧宮。字君翁。潁川郟人也。從光武征戰。諸將多稱其勇。光武甚親納之。以爲偏將軍。建武十一年。將兵至中廬。屯駱越。是時公孫述等與岑彭相拒於荊門。彭等戰數不利。越人遂欲謀反從蜀。宮兵少。不能制。會屬縣送委輸車數百乘至。宮夜使人鋸斷城門限。令車聲回轉出入至旦。越人候伺者聞車聲不絕。而門限斷。相告以漢兵大至。其渠帥乃奉牛酒以勞軍。宮陳兵大會。擊牛釃酒。饗賜慰納之。越人遂安。宮與岑彭破荊門。宮將降卒五萬人。時入多食少。轉輸不至。降者皆欲散畔。郡邑復更保聚觀成敗。宮欲引還。恐爲所及。會帝遣謁者將兵詣岑彭。有馬七百匹。宮遂矯制取以自益。晨夜進兵。多張旗幟。登山鼓噪。左步右騎。挾船而行。呼聲動山谷。延岑不意漢軍卒至。登山望之。大震恐。宮因縱擊。大破之。斬首溺死萬餘人。水為之濁流。延岑奔成都。其眾悉降。盡獲其兵馬珍寶。自是乘勝追北。進攻綿竹。破涪城。斬公孫述弟恢。復攻拔繁郫。進軍咸陽門。與吳漢共滅公孫述。蜀地悉平。拜宮為廣漢太守。封酇侯。

投筆封侯

班超 漢

班超字仲叔扶風平陵人也家貧常爲官傭書久勞苦因投筆歎曰大丈夫當立功異域以取封侯安能久事筆硯閒乎有相者指曰生燕頷虎頭飛而食肉此萬里封侯相也都尉竇固出擊胡以超爲假司馬與從事郭恂俱使西域超到鄯善鄯善王廣奉超禮意甚備後忽疎懈超謂官屬曰廣禮忽薄必有北敵使來乃會吏士三十六人與共飲酒酣激怒之衆曰死生惟司馬超曰不入虎穴焉得虎子今當因夜以火攻敵衆曰當與從事議之超曰吉凶決於今日從事文俗吏聞此必恐而謀泄衆曰善會天大風超令十人持鼓伏敵舍後約曰

見火發當鳴鼓大呼餘人各持兵弩夾門而伏超乃順風縱火前後鼓譟敵眾驚亂遂斬北使及從士三十餘人餘眾百人悉燒死明日乃還告郭恂恂大驚既而色動超知其意因曰從事雖不行超何心獨擅之郭恂乃悅超因召鄯善王以敵首示之一國震驚遂納子爲質還奏竇固固大喜具上超功

疏勒拜
泉

耿恭 漢

耿恭。字伯宗。慷慨多大畧。有將帥才。漢始置西域都護戊已校尉。以恭爲之。屯金蒲城。敵攻之。恭乘城搏戰。以毒藥傅矢。傳語北軍曰。漢家箭神。其中瘡必有異。因發强弩射之。敵中矢者。視瘡皆沸。會天暴風雨。隨風雨擊之。殺傷甚衆。北人震怖。相謂曰。漢兵神。眞可畏也。恭以疏勒城旁有澗水可固。引兵據之。北人遂於城下擁絕澗水。恭於城中穿井十五丈不得水。吏士渴乏。笮馬糞汁而飲之。恭仰歎曰。聞昔貳師將軍拔佩刀刺山。飛泉湧出。今漢德神明。豈有窮哉。遂整衣冠再拜。爲吏士禱。有頃。水泉奔出。衆皆稱萬歲。乃令吏士揚水以示敵。敵出不意以爲神明。遂引去。

酹酒還金

張奐讚

張奐字然明敦煌酒泉　也舉賢良擢拜安定屬國都
尉初到職而南單于左薁鞬等七千餘人寇美稷東羌
復欲舉種應之而奐壁惟二百許人聞報即勒兵而出
軍吏以力不敵叩頭爭止奐不聽遂進屯長城收集兵
士遣將王衛招誘東羌因據要地使南單于不得交通
東羌諸豪遂相率與奐和親共擊左薁鞬等連戰破之
羌豪帥感奐恩德上馬二十匹先零酋長又遺金鐻八
枚奐召主簿於諸羌前以酒酹地曰使馬如羊不以入
廐使金如粟不以入懷悉以金馬還之羌性貪而貴吏
清前都尉率好財貨為所患苦奐正身潔己威化盛行

遷爲護遼中郎將時屠各及朔方烏桓並同反叛燒度遼將軍皇甫規門引屯赤阬烟火相望兵衆大恐各欲亡去奐坐帷中與弟子講誦自若軍賴以安乃潛誘烏桓陰與通和遂使斬屠各渠帥襲破其衆諸羌悉降延熹元年鮮卑寇邊奐率南單于擊之斬首數百級幽并清靜九年春召拜大司農鮮卑聞奐去遂招結南單于烏桓數道入塞寇掠朝廷以爲憂復拜奐爲護遼中郎將諸羌聞奐至相率還降凡二十萬口奐但誅其首惡慰納之邊境復安

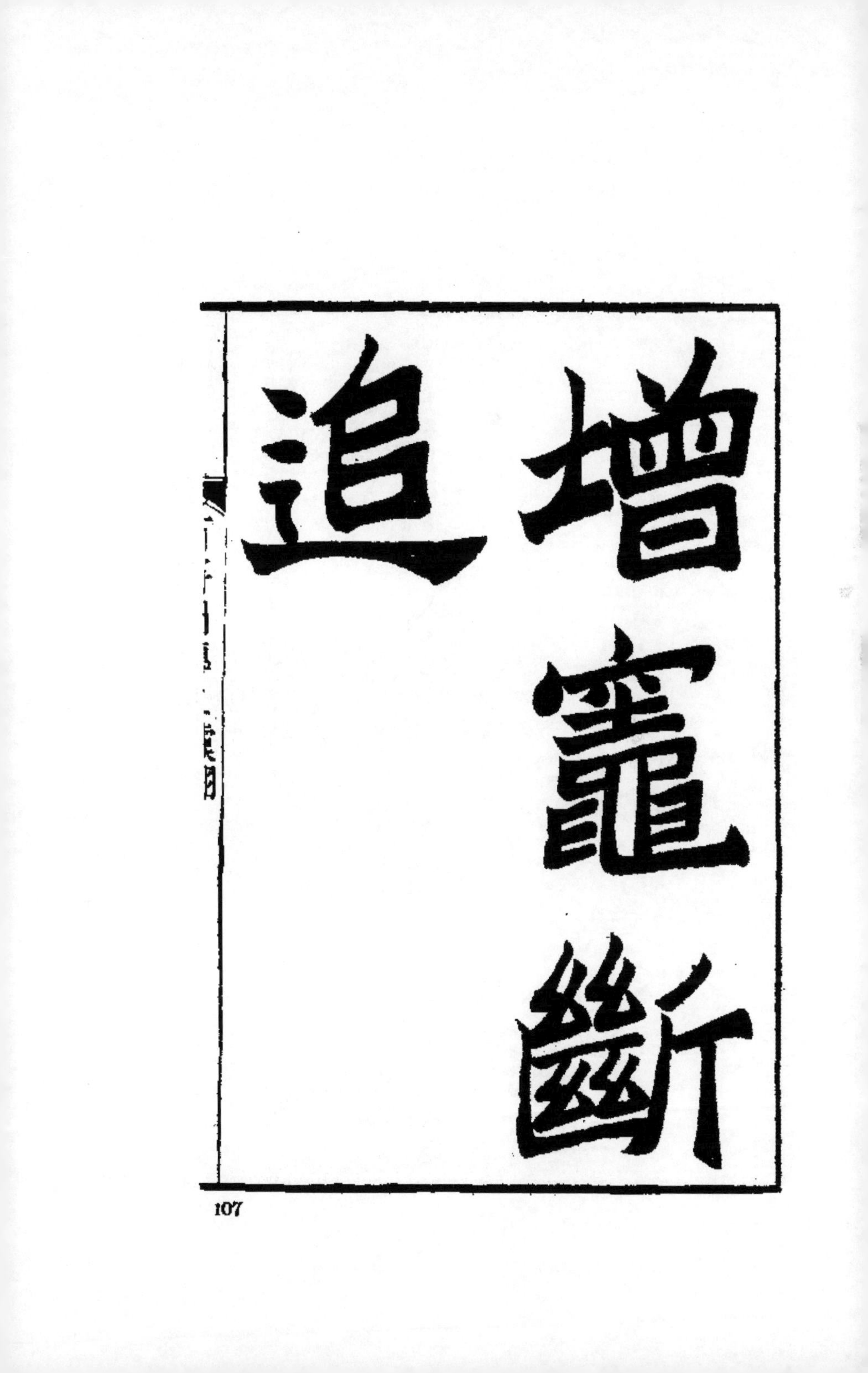

增竈斷

追

虞詡 漢

虞詡字升卿陳國武平人也初辟太尉府朝歌賊甯季等數千人攻殺長吏州郡不能制因以詡爲朝歌長故舊弔之詡曰不遇槃根錯節無以別利器始到謁河內太守馬稜曰朝歌者韓魏之郊背太行臨黃河去敖倉百里而青冀之流亡萬數賊不知開倉招眾劫庫兵守成皐斷天下右臂吾知其無能爲也今其眾新盛難與爭鋒兵不厭權願寬假轡策勿令有所拘閡而已及到官設三科以募求壯士其攻劫者爲上傷人偷盜者次之帶喪服而不事家業者爲下收得百餘人詡爲饗會悉貰其罪使入賊中誘令劫掠乃伏兵以待之遂殺賊

數百人。又潛遣貧人能縫者。傭作賊衣。以綵線縫其裾爲識。有出市里。吏輒擒之。賊由是駭散。咸稱神明。後羌寇武都。鄧太后以詡有將帥之畧。遷武都太守。羌乃率衆數千。遮詡於陳倉崤谷。詡卽停軍不進。而宣言上書請兵。須到當發。羌聞之。乃分鈔旁縣。詡因其兵散。遂日夜進道。兼行百餘里。令吏士各作兩竈。日增倍之。羌不敢逼。或問曰。孫臏減竈。而君增之。兵法日行不過三十里。今日且二百里。何也。詡曰。敵衆多。吾兵少。徐行則爲所及。速進則彼所不測。敵見吾竈日增。必謂郡兵來迎。衆多行速。必憚追我。孫臏見弱。吾今示强。勢有不同耳。旣到郡。兵不滿三千。而羌衆萬餘。攻圍赤亭戰之日。詡乃令軍中强弩勿發而潛發小弩羌以爲矢力弱不能至并兵急攻詡於是使二十强弩共射一人發無不中羌大震退詡因出城奮擊多所殺傷明日悉陳其兵衆令從東郭門出北郭門入改易衣服回轉數周羌不知其數更相恐動詡計賊當退乃潛遣五百餘人於淺水設伏候其走路敵果大奔因掩擊大破之軍威甚盛賊由是散敗南入益州詡乃占相地勢築營壁其八十所招還流亡假貸貧人郡遂以安後遷尚書令臨終謂子恭曰吾事君直道行己無愧所悔者爲朝歌長時殺賊數百人不能無冤者自此二十餘年家門不增一口獲罪於天也

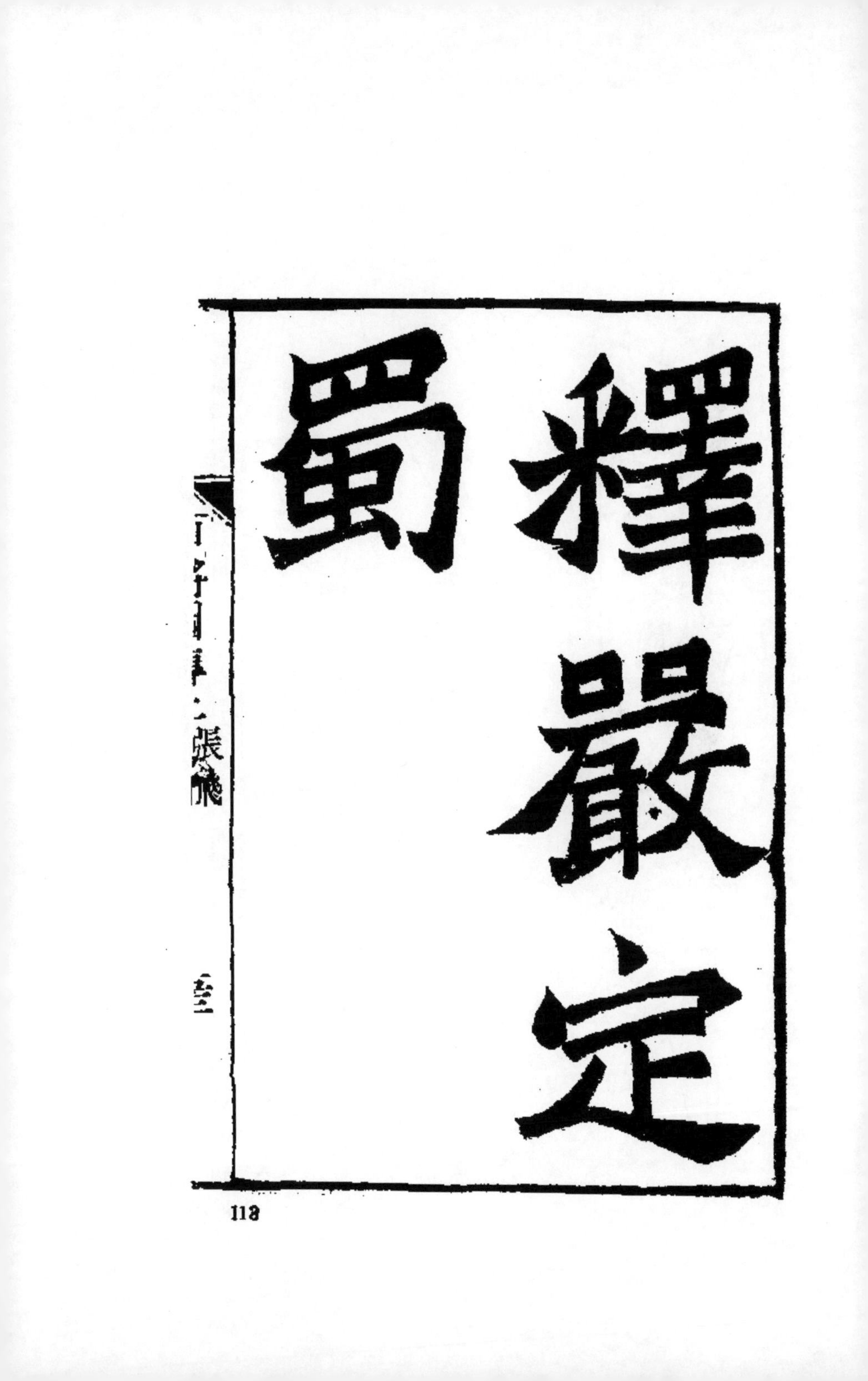

釋嚴定蜀

張飛漢

張飛字益德涿郡人也少與關侯俱事先主先主奔江南曹操率重兵追之一日一夜及於當陽之長阪先主聞操忽至棄妻子走使飛將二十騎拒後飛據水斷橋瞋目橫矛曰身是張益德也可來共決死戰皆無近者故遂得免

先主入益州還攻劉璋飛與諸葛亮等泝流而上分定郡縣至江州破璋將巴郡太守嚴顏生獲顏飛呵顏曰大軍至何以不降而敢拒戰顏曰我州但有斷頭將軍無降將軍也飛怒令左右牽去斫頭顏神色自若曰斫頭便斫何為怒耶飛壯而釋之引為賓客故所過戰克

與先主會成都。

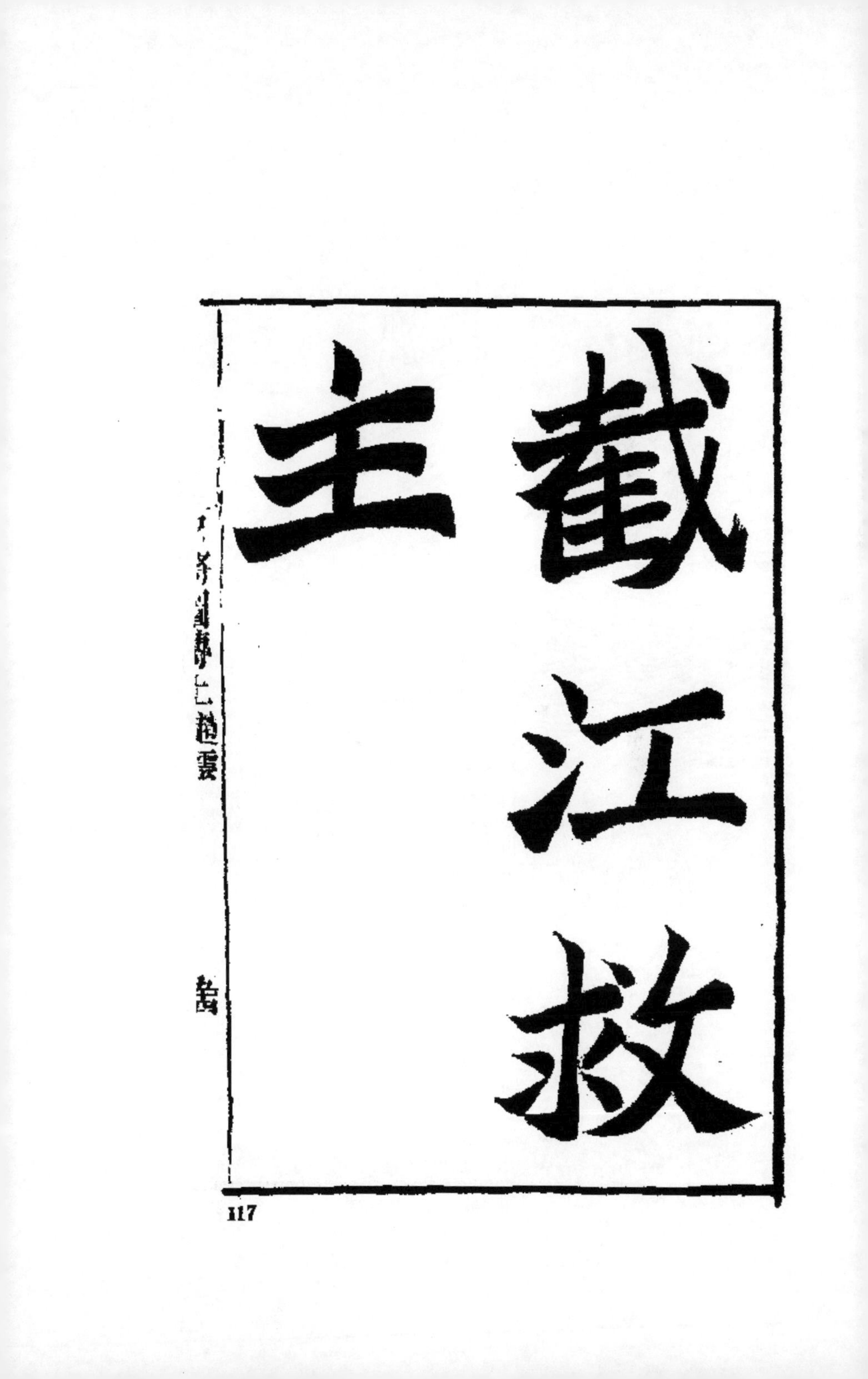

截江救主

[illegible]山趙雲

[illegible]

趙雲 漢

趙雲字子龍常山眞定人也爲先主主騎及先主爲曹操所追於當陽長阪棄妻子南走雲身抱弱子卽後主也保護甘夫人皆得免難初先主之敗有人言雲已北去者先主以手戟擿之曰子龍不棄我走也頃之雲至先主入益州雲領留營司馬此時先主孫夫人以權妹驕豪多將吳吏兵縱橫不法先主以雲嚴重使掌內事先主西征權遣舟船迎妹夫人將後主反吳雲與張飛勒兵截江乃得後主還

曹操爭漢中地運米北山下數千萬囊黃忠以爲可取雲兵隨忠取米忠過期不還雲將數十騎輕行出圍迎

視忠等值曹兵大出雲爲操前鋒所擊方戰其大衆至勢偪遂前突其陣且鬬且却曹軍散已復合雲陷敵還趣圍將張著被創雲復馳馬還出迎著既得入圍曹軍追至此時沔陽長張翼在雲圍內翼欲閉門拒守而雲入營更大開門偃旗息鼓曹軍疑有伏引去雲雷鼓震天以戎弩射曹軍曹軍驚駭自相蹂踐墮漢水中死者甚多先主明旦來視昨戰處曰子龍一身都是膽也

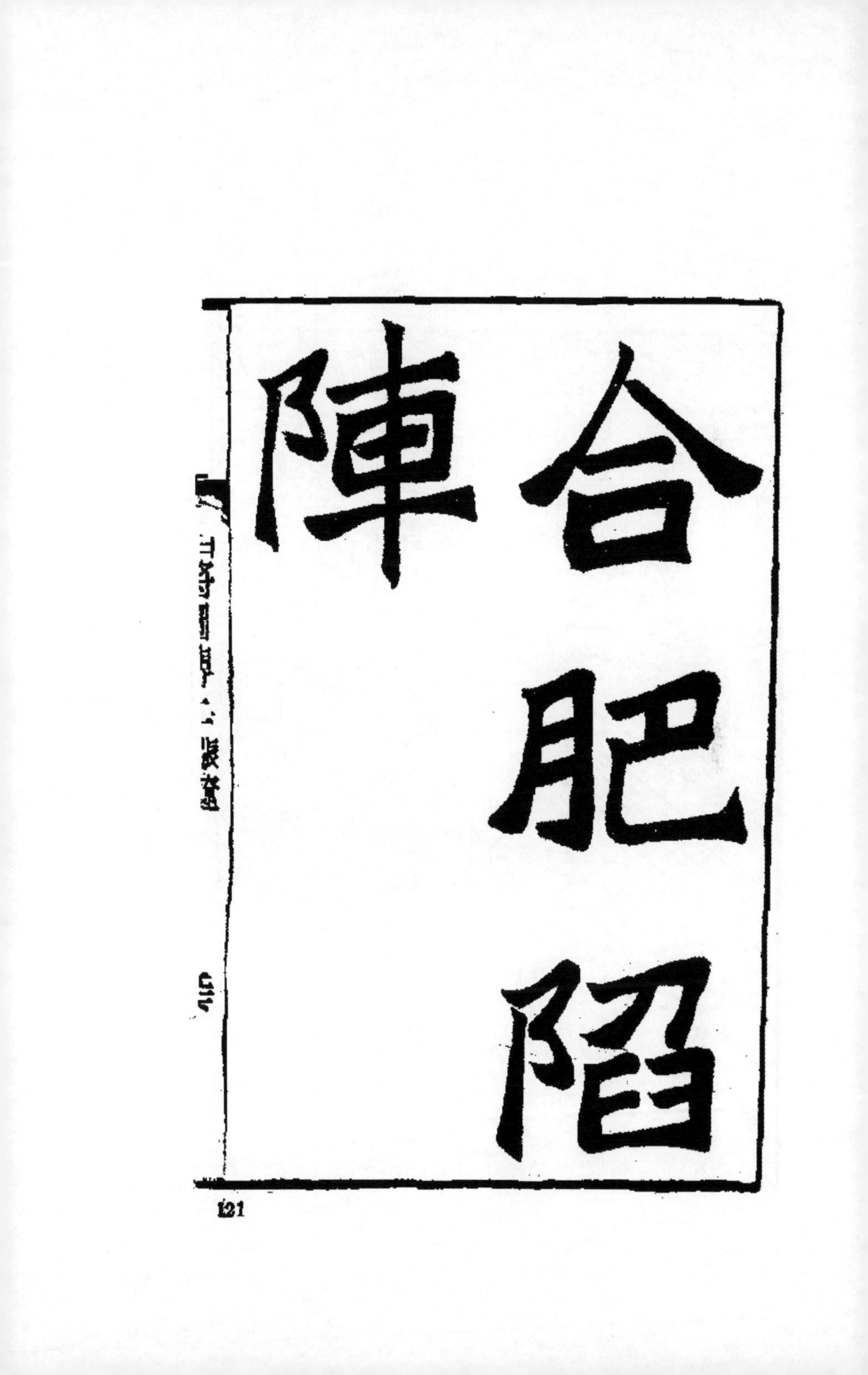

合肥陷陣

張遼 魏

張遼字文遠雁門馬邑人也武力過人太祖征張魯與樂進李典等守合肥俄而權率十萬眾圍合肥遼夜募敢從之士得八百人椎牛饗將士明日大戰平旦遼被甲持戟先登陷陣殺數十人斬二將大呼自名衝壘入至權麾下權大驚眾不知所為走登高冢以長戟自守遼叱權下戰權不敢動望見遼所將眾少乃聚圍遼數重遼左右麾圍直前急擊圍開遼將麾下數十人得出餘眾號呼曰將軍棄我乎遼復還突圍拔出餘眾權人馬皆披靡無敢當者自旦戰至日中吳人奪氣乃引退太祖遣遼屯長社臨發軍中有謀反者夜驚亂起火一

軍盡擾遼謂左右曰勿動是不一營盡反必有造變者欲以動亂人耳乃令軍中其不反者安坐遼將親兵數十人中陣而立有頃定卽得首謀者殺之

可門建

壽縣

【大學圖事之典章　卷七

典韋　魏

典韋陳留己吾人也形貌魁梧膂力過人初平中張邈舉義兵韋爲士屬司馬趙寵牙門旗長大人莫能舉韋一手建之一軍皆驚太祖討呂布於濮陽布有別屯在濮陽西四五十里太祖夜襲破之未及還會布救兵至相持急太祖募陷陣韋先占將應募者數千人皆重衣兩鎧棄楯但持長矛撩戟時四面皆賊矢下如雨韋不視爲等人曰虜來十步乃告等人曰十步矣又曰五步乃白等人懼疾言虜至矣韋手持十餘戟大呼起所抵無不應手倒者布衆退韋好持大雙戟與長刀等軍中爲之語曰帳下壯士有典君提一雙戟八十斤太祖征

荆州至宛張繡迎降太祖甚悅延繡及其將帥置酒高會太祖行酒韋持大斧立後刃徑尺太祖所至之前韋輒舉斧目之竟酒繡及其將帥莫敢仰視

曳牛驚
賊

許褚 魏

許褚字仲康譙國譙人也長八尺餘腰大十圍勇力絕人漢末聚少年及宗族數千家共堅壁以禦寇時汝南葛陂賊萬餘人攻褚壁褚眾少不敵力戰疲極兵矢盡乃令壁中男女聚治石如杅斗者置四隅褚飛石擲之所值皆摧碎賊不敢進糧乏僞與賊和以牛與賊易食賊來取牛牛輒奔還褚乃出陳前一手逆曳牛尾行百餘步賊眾驚不敢取牛而走由是淮汝陳梁閒聞皆畏憚之後歸太祖太祖壯之曰此吾樊噲也引入宿衞從褚俠客皆以爲虎士

褚從太祖討韓遂馬超於潼關太祖將北渡臨濟河先

渡兵獨與褚及虎士百餘人留南岸斷後超將步騎萬餘人來奔太祖軍矢下如雨褚乃扶太祖上船賊戰急軍爭濟船船重欲沒褚斬攀船者左手舉馬鞍蔽太祖船工爲流矢所中死褚右手並泝船僅乃得渡其後太祖與遂超等單馬會語左右皆不得從惟借褚超負其力陰欲前突太祖素聞褚勇疑從騎是褚乃問太祖曰公有虎侯者安在太祖顧褚褚目盼之超不敢動軍中以褚力如虎而癡故號曰虎癡是以超問虎侯至今天下稱焉皆謂其姓名也

赤壁縱
火

周瑜 吳

周瑜字公瑾廬江舒人也建安五年孫策薨是時惟有會稽吳郡丹陽豫章廬陵然深險之地猶未盡從而天下英雄布在州郡賓旅寄寓之士以安危去就爲意瑜與張昭等謂權可與共成大業故委心服事焉曹操新定荊州治水軍八十萬衆臨江東作書遺權羣臣望風畏懼多勸權迎降惟瑜與魯肅執拒操之議意與權同蜀先主在夏口使諸葛亮詣權計始定瑜與程普爲左右督各領萬人與先主俱進遇於赤壁時操軍已有疾病初戰敗退引次江北瑜等在南岸瑜部將黃蓋曰今寇衆我寡難與持久然觀操軍方連舟艦首尾相接可

燒而走也乃取蒙衝闘艦數十艘實以薪草膏油灌其中裹以帷幕上建牙旗先書報操詐降又豫備走舸各繫大船後以次前操軍指望蓋降蓋放諸船同時發火時風盛猛悉延燒岸上營落操軍大敗退保南郡

神亭搏戰

太史慈 吳

太史慈字子義東萊黃人也少好學仕郡奏曹吏避地之遼東北海相孔融奇之數遣人訊問其母并致餉遺融屯都昌爲賊管亥所圍慈從遼東還母使赴之慈單步徑至都昌夜伺閒入見融因求兵出斫賊融不聽欲告急平原相劉備慈請行而賊圍益密於是嚴行蓐食須明便帶鞬攝弓上馬將兩騎自隨各作一的持之開門直出外圍下左右人並驚駭兵馬互出慈引馬至城下塹內植所持的各射之畢徑入門明晨復如此圍下人或起或臥明晨復出如此無起者於是鞭馬突圍中馳去射數人皆應弦而倒比賊知慈行已遠遂從備得

精兵三千賊聞之解圍走
揚州刺史劉繇與慈同郡慈到曲阿見繇會孫策至或勸繇可以慈爲大將軍繇不肯但使偵視輕重時獨與一騎卒遇策策從騎十三皆韓當宋謙黃蓋輩也慈便前鬭正與策對策刺慈馬而擥得慈項上手戟慈亦得策兜鍪會兩家兵騎來赴於是解散後策平定宣城進討涇西遂見執策卽解縛捉其手曰寧識神亭時耶若卿爾時得我云何慈曰未可量也策大笑曰今日之事當與卿共之卽署門下督還吳拜折衝中郎將

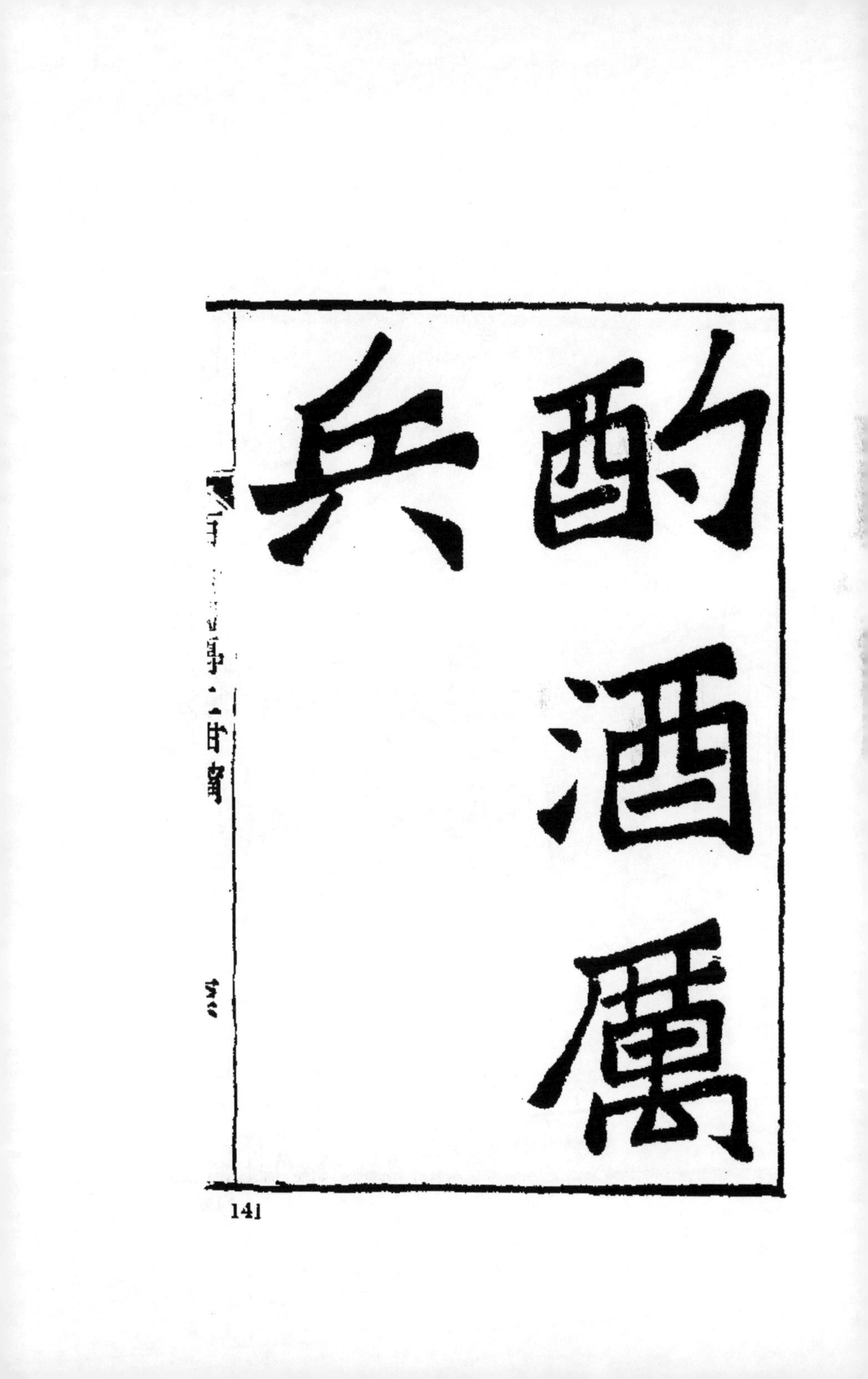

酌酒屬兵

甘甯　吳

甘甯字興霸巴郡臨江人也少有氣力好遊俠招合輕薄少年爲之渠帥羣聚相隨挾持弓弩出入帶鈴民聞鈴聲卽知是甯後止不復刦頗讀書乃歸吳孫權加禮之從攻皖爲升城督甯手持練身緣城爲吏士先卒破獲朱光計功拜折衝將軍

曹軍出濡須甯爲前部都督受勅出斫敵前營權特賜米酒衆殽甯以料賜手下百餘人食食畢甯先以銀盌酌酒自飲兩盌乃酌都督都督伏不肯持甯引白削置膝上呵謂之曰卿見知於至尊孰與甘甯甘甯尚不惜死卿何以獨惜死乎都督見甯色厲卽起拜持酒通酌

兵各一銀盌至二更時甯乃領健兒百餘人徑詣北軍營下使拔鹿角踰壘入營斬得數十級北軍驚駭鼓譟舉火如星甯已還入營作鼓吹稱萬歲因夜見權權喜曰足以驚駭老賊否聊以觀卿胆耳卽賜絹千匹刀百口

陰平鑒
險

言孝劉靜仁　鄧艾

鄧艾 魏

鄧艾字士載義陽棘陽人也少孤爲農民養犢後爲都尉學士以口吃不得作幹佐爲稻田守叢草吏每見高山大澤輒規度指畫軍營處所人多笑焉後參征西軍事遷南安太守嘉平元年與征西將軍郭淮拒蜀偏將軍姜維維退淮因西擊羌艾曰賊去未遠或能復還宜分諸軍以備不虞於是留艾屯白水北三日維遣廖化自白水南向艾結營艾謂諸將曰維今卒還吾軍人少法當來渡而不作橋此維使化持吾令不得還維必自東襲取洮城洮城在水北去艾屯六十里艾即夜潛軍徑到維果來渡而艾先至據城得以不敗賜爵關內侯

甘露四年秋諸軍征蜀姜維敗走守劍閣冬十月艾自陰平道行無人之地七百餘里鑿山通道造作橋閣至爲艱險糧運物匱頻於危殆艾以氈自裹推轉而下將士攀木緣崖而進先登至江油蜀守將馬邈降蜀衞將軍諸葛瞻自涪還緜竹列陳待艾艾遣子惠唐亭侯忠等出其右司馬師纂等出其左戰不利並退還艾怒曰存亡之分在此一舉叱忠纂出將斬之忠纂馳還更戰大破之斬瞻及尙書張遵進軍到雒遂定蜀

鐵鎖沈江

王濬 晉

王濬字士治宏農湖人也恢廓有大志嘗起宅開門前路廣數十步人問之濬曰吾欲使容長戟旛旗衆竊笑之濬曰燕雀安知鴻鵠之志後參征南軍羊祜深知之遷益州刺史武帝謀伐吳詔濬修舟艦濬乃作大船連舫方百二十步受二千餘人以木爲城起樓櫓開四出門其上皆得馳馬往來又畫鷁首怪獸於船首以懼江神舟楫之盛自古未有吳人於江險磧要害之處並以鐵鎖橫截之又作鐵椎長丈餘暗置江中以逆拒船濬諜知其狀乃作大筏數十亦方百餘步縛草爲人披甲持杖令善水者以筏先行筏遇鐵錐輒著筏去又作火

炬長十餘丈大數十圍灌以麻油使在船前遇鎖燃炬燒之須臾融液斷絕船無所礙順流鼓棹經造三山旌旗器甲屬天蔽日莫不破膽吳人遂降

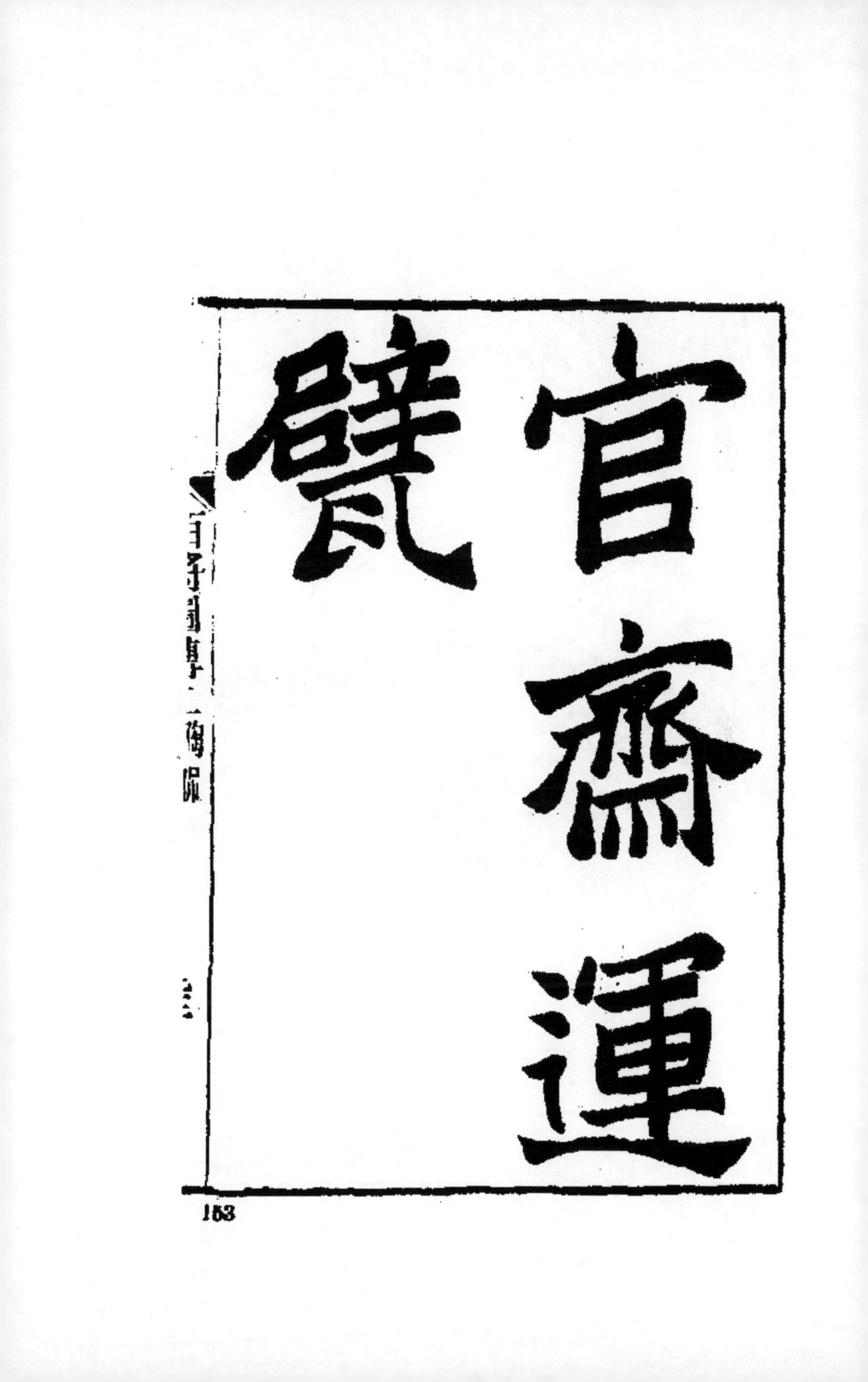

官齋運甓

陶侃　晉

陶侃字士行鄱陽人也爲廣州刺史無事朝運百甓於齋外暮運於齋內人問其故答曰吾方致力中原過爾優游恐不堪事侃勤於吏職嘗曰大禹聖人乃惜寸陰至於衆人當惜分陰生無益於時死無聞於後是自棄也時造船木屑竹頭悉令人收掌之人不解其意後積雪始晴廳事前餘雪猶溼乃以木屑鋪地及桓溫北伐又以所儲竹頭作釘裝船其綜理周密如此

時天下饑荒山夷多所刼掠侃令諸將詐作商船以誘之刼果至生獲數人究知是西陽王羕之左右侃即遣兵逼羕羕因縛送帳下二十人侃斬之自是水陸肅清

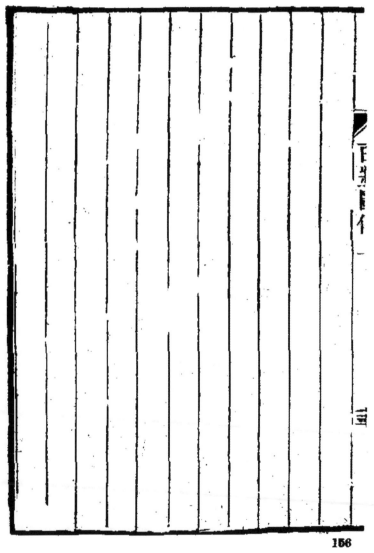

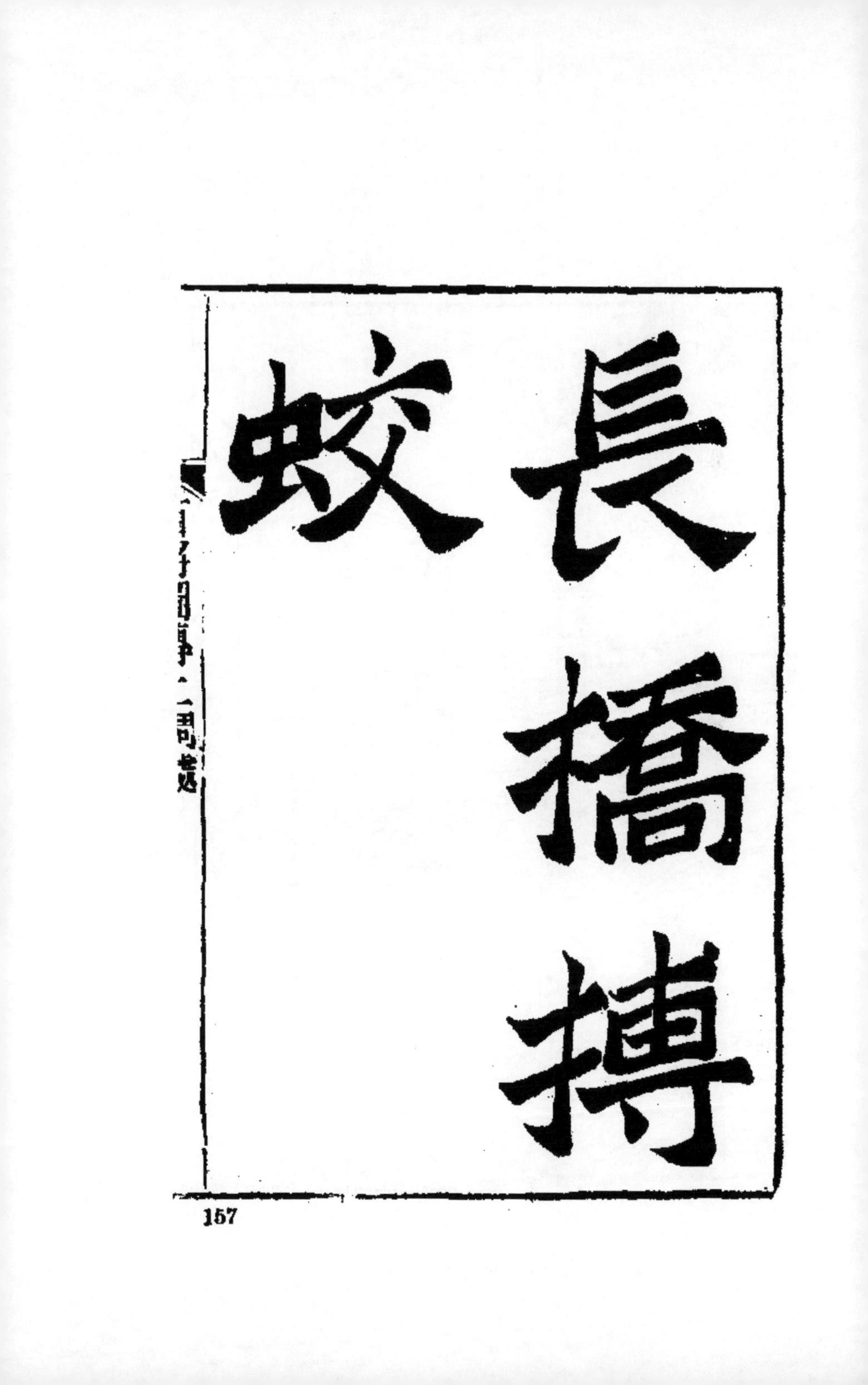

長橋搏蛟

周處 晉

周處字子隱義興陽羨人少孤未弱冠膂力絕人好馳騁田獵不修細行縱情肆慾州曲患之處自知爲人所惡乃慨然有改勵之志謂父老曰今時和歲豐何苦而不樂耶父老歎曰三害未除何樂之有處曰何謂也答曰南山白額猛獸長橋下蛟并子爲三矣處曰若此爲患吾能除之父老曰子若除之則一郡之大慶非徒去害而已處乃入山射殺猛獸因投水搏蛟蛟或沉或浮行數十里而處與之俱經三日三夜人謂死皆相慶賀處果殺蛟而反聞鄉里相慶始知人患己之甚乃入吳尋二陸時機不在見雲具以情告曰欲自脩而年已蹉

跎恐將無及雲曰古人貴朝聞夕改君前塗尚可且患志之不立何憂名之不彰處遂勵志好學有文思志存義烈言必忠信克己朞年州府交辟

氏人齊萬年反朝臣惡其彊直皆曰處吳之名將子也忠烈果毅乃使隸夏侯駿西征伏波將軍孫秀謂之曰卿有老母可以此辭也處曰忠孝之道安得兩全既辭親事君父母復安得而子乎既而梁王彤爲征西大將軍都督關中諸軍事處知彤不平必當陷己自以人臣盡節不宜辭憚乃悲慨卽路志不生還時賊屯梁山有眾七萬而駿逼處以五千兵擊之處曰軍無後繼必至覆敗雖在亡身爲國取恥彤復命處進討乃與振威將

軍盧播雍州刺史解系攻萬年於六陌將戰軍人未食彤促令速進而絕其後繼處知必敗賦詩曰去去世事已策馬觀西戎藜藿甘粱黍期之克令終言畢而戰自旦及暮斬首萬計弦絕矢盡播系不救左右勸退處按劍曰此是吾効節授命之日何退之爲且古者良將受命凶門以出蓋有進無退也今諸軍負信勢必不振我爲大臣以身殉國不亦可乎遂力戰而沒追贈平西將軍賜錢百萬葬地一頃京城地五十畝爲第又賜王家近田五頃策謚曰孝

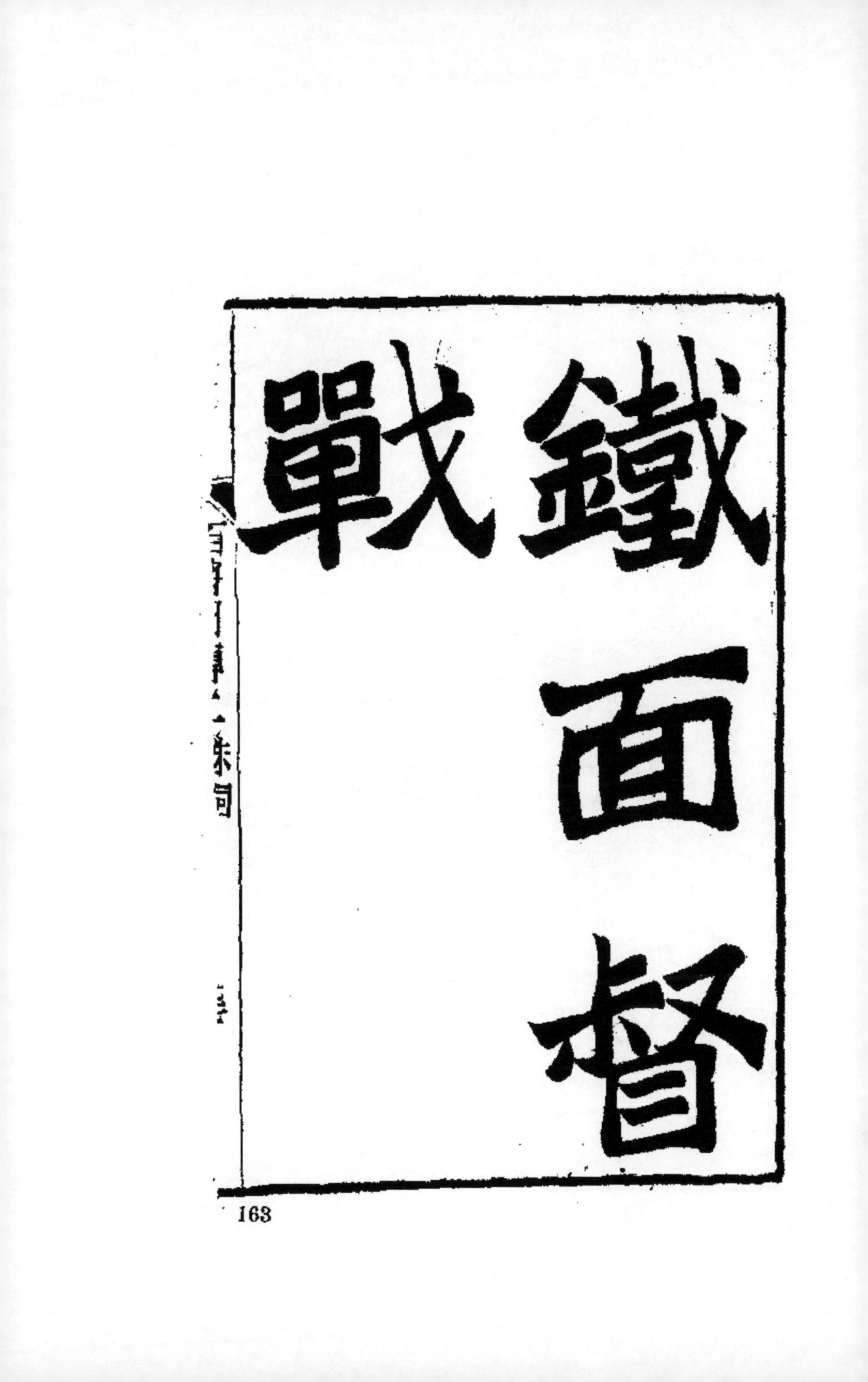

鐵面督戰

朱伺　晉

朱伺字仲文安陸人少爲吳門牙將陶丹給使吳平內徙江夏伺有武勇而不知書及爲將乃以謙恭稱累功封亭侯領騎督時西陽夷賊抄掠江夏太守楊珉請督將議拒賊之計伺獨不言珉問之伺曰諸人以舌擊賊伺惟以力耳珉又問將軍擊賊何以常勝伺曰兩敵共持惟我能忍是以勝耳珉大稱善

夏口之戰伺用鐵面自衛以弩的射賊大帥數人皆殺之賊挽船上岸於水邊作陣伺逐水上下以邀之箭中其脛氣色不變賊潰追擊之皆棄船投水死者大半賊夜走長沙伺追至蒲圻不及而反加盛遠將軍赤幢曲

蓋。

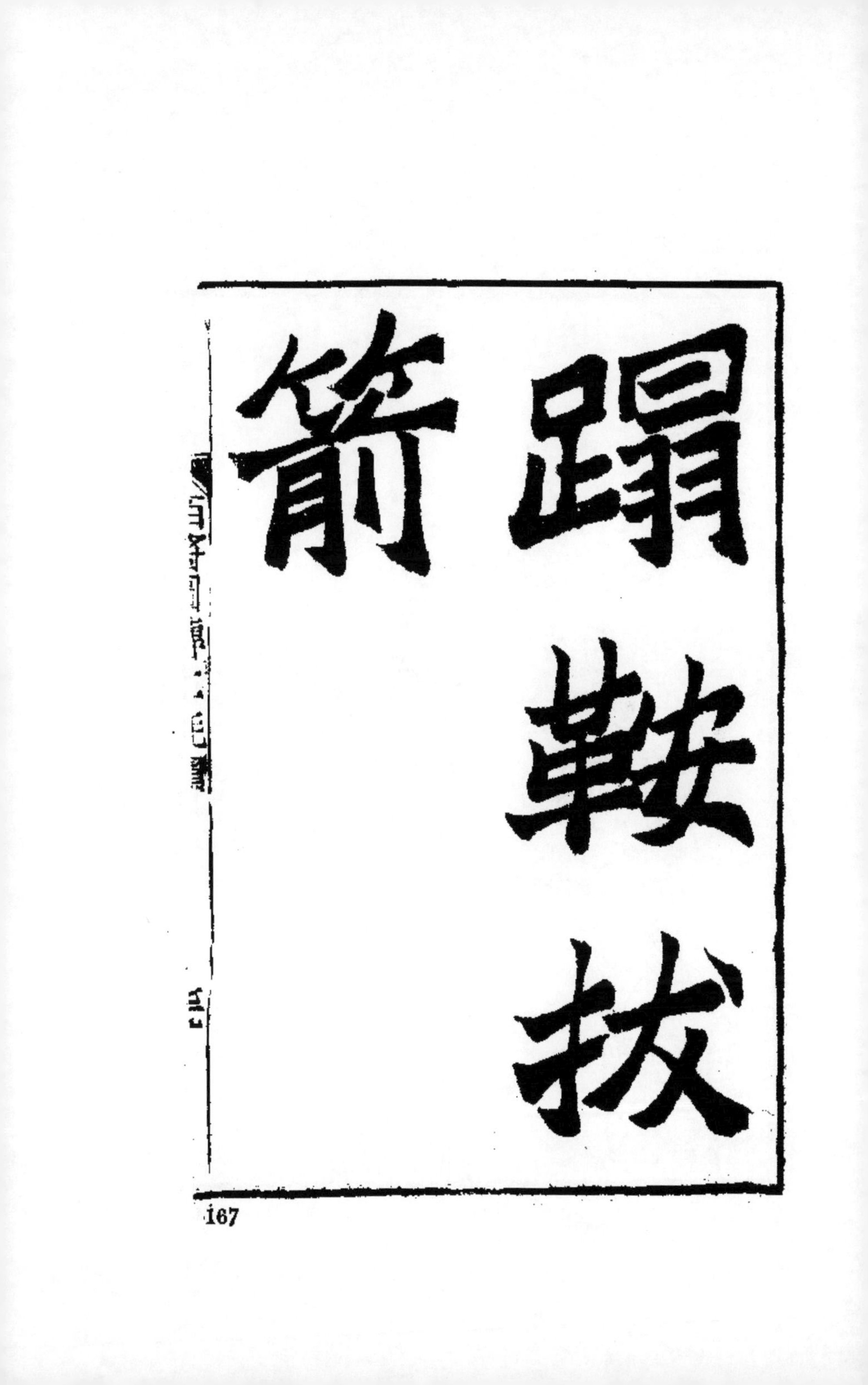

蹋鞍拔

箭

毛寶 晉

毛寶。字碩眞。滎陽陽武人也。爲溫嶠平南參軍。蘇峻反。寶領千人爲嶠前鋒。次茄子浦。初嶠以南軍習水。峻軍便步。欲以所長制之。宣令三軍有上岸者死。時蘇峻送米萬斛饋祖約。約遣司馬桓撫等迎之。寶告其衆曰。兵法。軍令有所不從。豈可不上岸耶。乃設變力戰。悉獲其米。虜殺萬計。約用大飢。嶠嘉其勳。上爲廬江太守。從征祖約。約祖渙桓撫等欲襲湓口。陶侃使寶擊之。先是桓宣背約。南屯馬頭山。爲渙撫所攻。求救於寶。寶赴救之。未至。而賊已與宣戰。寶軍懸兵少器仗濫惡。大爲渙撫所乘。寶中箭貫髀徹鞍。使人蹋鞍拔箭。流血滿靴。裹瘡還救宣。至營而煥撫亦退。人服其勇。

初賨在武昌。軍人有於市得一白龜。長四五寸。養之漸大。放諸江中。邾城之敗養龜人被鎧持刀自投於水中。如覺墮一石上。視之乃先所養白龜。長五六尺。送至東岸。遂得免焉。

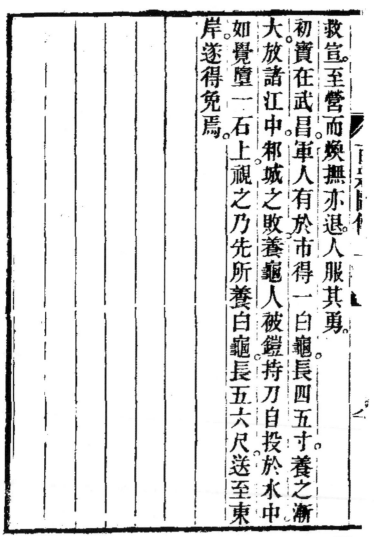

蒙衝泝
渭

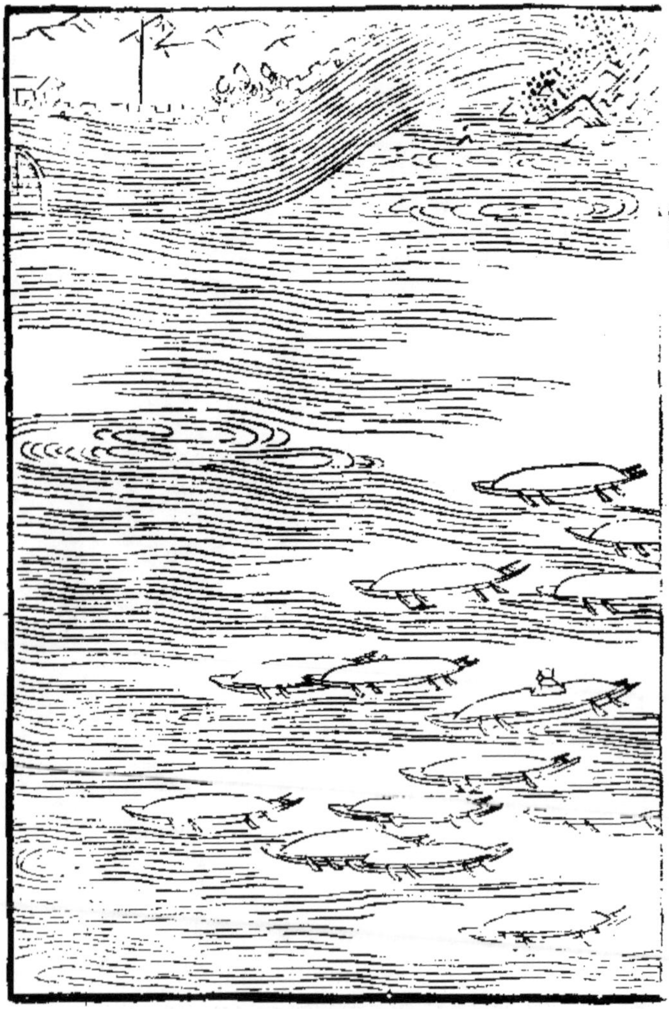

王鎮惡　晉

王鎮惡北海劇人也祖猛仕苻堅任兼將相鎮惡以五月生家人以俗忌欲令出繼疏宗猛曰昔孟嘗惡月生而相齊是兒亦將興吾門矣故名鎮惡頗讀諸子兵書喜論軍國大事宋武帝伐廣固或薦之武帝召與語異焉因謂諸佐曰鎮惡王猛孫所謂將門有將武帝欲討劉毅鎮惡曰公若有事西楚請給百舸爲前驅武帝乃轉鎮惡參軍事率龍驤將軍蒯恩百舸先發鎮惡受命便晝夜兼行揚聲上兗州劉毅謂爲信不知見襲鎮惡去江陵城二十里舍船步上蒯恩軍在前鎮惡次之每舸留三人對舸岸上立旗安鼓語所留人曰計我將至

城。便張鼓。若後有大軍狀。又分隊在後。令燒江津船。鎮惡前往襲城。津戍百姓皆言劉藩兵上。晏然不疑。將至城。遇劉毅將朱顯之。問劉藩所在。軍人答曰。在後。及至軍後。又不見藩。又望見江津船艦被燒。而鼓聲甚盛。知非藩上。遂馳馬告毅。令閉城門。而鎮惡亦馳入城。因風放火燒大城南門及東門。又遣人以詔及赦書並武帝手書凡三函示毅。毅皆燒不視。城中猶不知武帝自來。及短兵接戰。鎮惡軍人與毅下將或是父兄子弟中表族親。且鬬且語。方知武帝在後。人情離解。毅遂從大城東門出。奔至牛牧佛寺自縊。

武帝北伐。以鎮惡領前鋒。大軍攻潼關。謀進取計。鎮惡請率水軍自河入渭直至渭橋鎮惡所乘皆蒙衝小艦行船者皆在艦內泝渭而進艦外不見有行船人北土素無舟楫莫不驚以為神鎮惡既至令將士飽食食畢即棄船登岸渭水流急諸艦悉逐流去鎮惡激勵將士曰此是長安城北門外去家萬里而舫乘衣糧並已逐流惟有死戰可立大功乃身先士卒即攻陷長安城城中六萬餘戶鎮惡悉撫慰之武帝勞之曰成吾霸業者卿也鎮惡謝曰此明公之威將士之力帝笑曰卿欲學馮異耶

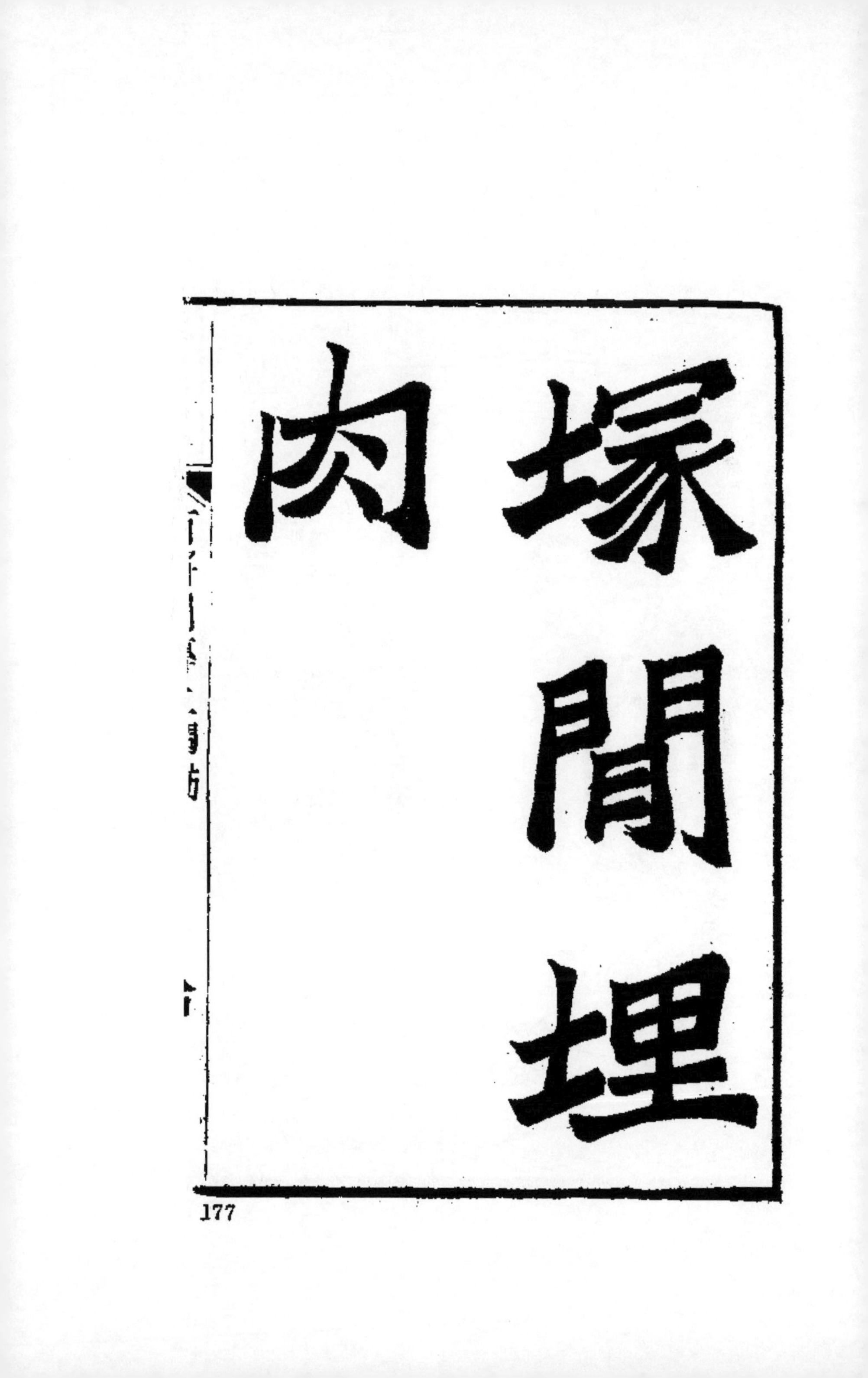

塚間埋

肉

周訪 晉

周訪字士達本汝南安城人漢末避地江南至訪四世吳平因家廬江尋陽訪少沉毅謙而能讓果於斷割周窮振乏家無餘財察孝廉除郎中上甲令皆不之官鄉人盜訪牛於冢間殺之訪得之密埋其肉不使人知及元帝渡江命參鎭東軍事時有與訪同姓名者罪當死吏誤收訪訪奮擊收者數十人皆散走而自歸於帝帝不之罪尋以爲揚烈將軍

帝命訪與諸軍共征杜弢弢作桔槔打官軍船艦訪作長岐棖以距之桔槔不得爲害而賊從靑草湖密抄官軍又遣其將張彥陷豫章焚燒城邑王敦時鎭湓口遣

督護繆蕤李恒受訪節度共擊彥蕤於豫章石頭與彥交戰彥軍退走訪率帳下將李午等追彥破之臨陣斬彥訪爲流矢所中折前兩齒形色不變及暮訪與賊隔水賊衆數倍自知力不能敵乃密遣人如樵採者而出於是結陣鳴鼓而來大呼曰左軍至士卒皆稱萬歲至夜令軍中多布火而食賊謂官軍益至未曉而退訪謂諸將曰賊必引退然終知我無救軍當還掩入宜促渡水北旣渡斷橋訖而賊果至隔水不得進於是遂歸湘州

唱籌量沙

檀道濟 劉宋

檀道濟高平金鄉人宋武帝北伐以道濟爲前鋒所至望風降服徑進洛陽議者謂所獲俘囚應悉戮以爲京觀道濟曰伐罪弔民正在今日皆釋而遣之於是中原感慨歸者甚衆

元嘉八年到彥之侵魏已平河南復失之道濟都督征討與魏軍二十餘戰多捷軍至歷城以資運竭乃還有降魏者具說糧食已盡道濟乃夜唱籌量沙以所餘米散其上及旦魏軍見之謂資糧有餘故不復追以降者妄斬以徇時道濟兵寡弱軍中大懼道濟乃命軍士悉甲身自服乘輿徐出外圍魏軍懼有伏不敢逼乃歸道

濟雖未克定河南。然全軍而返。雄名大震。魏甚憚之。

狐帽⿰言𣏟
蠻

二十四事 二 沈夔之

沈慶之　劉宋

沈慶之字宏先吳興武康人也少有志晉末孫恩作亂使其衆寇武康慶之未冠隨鄉族擊之屢捷以勇聞雍州蠻爲寇慶之以將軍太守隨王誕入沔及至襄陽率柳元景宗愨等伐沔北諸山蠻大破之威震諸山羣蠻皆稽顙慶之患頭風好著狐皮帽羣蠻畏之號曰蒼頭公每見慶之軍輒驚相告曰蒼頭公正復來矣慶之引軍出前後破降甚衆

犬羊諸山蠻緣險築重城施門櫓甚峻慶之討之連營山下營中開門相通又令諸軍各穿池於營內朝夕不外汲兼以防蠻之火頃之風甚蠻下山人提一炬燒營

火至。輒以池水灌滅之。蠻被圍日久。並困乏。自是稍出歸降。慶之前後所獲蠻。並移都下。以為營戶。

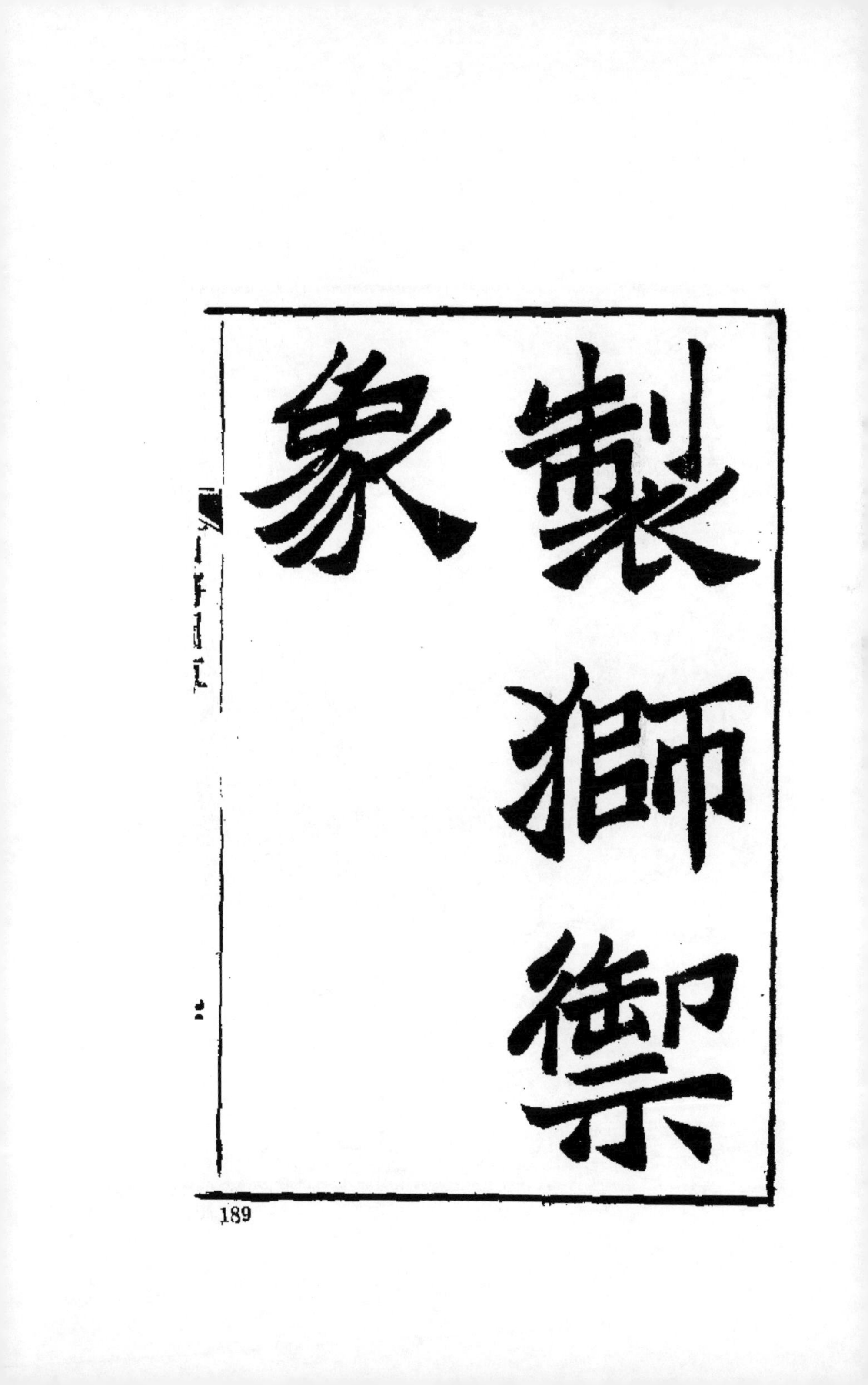

製獅御象

宗慤 劉宋

宗慤字元幹南陽涅陽人也叔父少文問其所志慤答曰願乘長風破萬里浪兄泌娶妻始入門夜被劫慤年十四挺身相拒十餘人皆披靡不得入室

元嘉二十二年伐林邑慤自奮願行江夏王義恭舉慤有膽勇乃除振武將軍爲安西參軍蕭景憲軍副隨交州刺史檀和之圍區粟城林邑遣將范毗沙達來救區粟和之遣偏軍拒之爲賊所敗又遣慤慤乃分軍爲數道偃旗潛進討破之仍攻拔區粟入象浦林邑王范陽邁傾國來逆以具裝被象前後無際慤以爲外國有獅子威服百獸乃製其形與象相禦象果驚奔衆因此潰

亂遂克林邑得其珍異皆是未名之寶其餘雜物不可
勝紀慤一毫無犯
慤以累遷豫州刺史監五州軍事先是鄉人庾業家富
豪侈侯服玉食與賓客相對食必方丈而爲慤設粟飯
菜菹謂客曰宗軍人慣噉粗食慤致飽而退初無異辭
至是業爲慤長吏帶梁郡慤待之甚厚不以昔事爲嫌

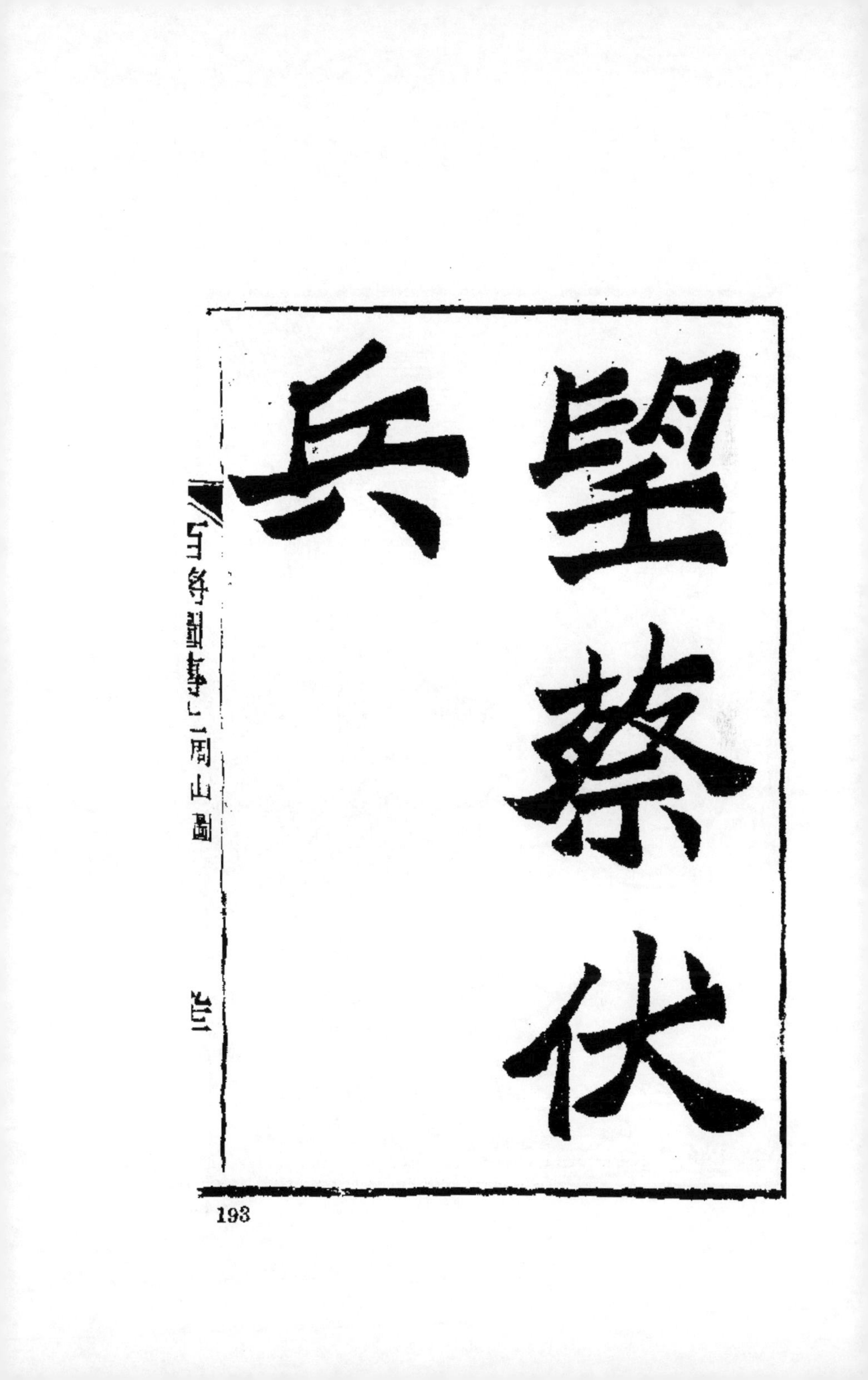

望蔡伏兵

周山圖 南齊

周山圖字季寂義興義鄉人也有氣幹爲振武將軍時鎮軍將軍征薛安都於彭城山圖領二千人迎軍至武原爲虜騎所追合戰多所傷殺虜圍轉急山圖據城自固然後更結陣死戰突圍出虜披靡不能禁衆稱其勇呼爲武原將

豫章賊張鳳聚衆康樂山斷江刼抄臺軍主李雙蔡保數遣軍攻之連年不禽至是軍主毛寄生與鳳戰於豫章江大敗明帝復遣山圖討之山圖至先羸兵僞衆遣幢主龐嗣厚遺鳳書要出會聚聽以兵自衛鳳信之行至望蔡山圖設伏兵於水側擊斬鳳首衆百餘人束手

降除甯朔將軍。

父子哭圖

周盤龍 南齊

周盤龍北蘭陵人也膽氣過人光便弓馬隨軍討豬折賊躬自鬬戰陷陣先登後爲右將軍時魏寇維陽圍角城盤龍子奉叔單馬卒二百人陷陣魏萬餘騎張左右翼圍繞之一騎走報奉叔已沒盤龍方食棄筯馳馬奮矟直奔虜陣自稱曰周公來魏素畏盤龍驍名卽披靡時奉叔已大殺敵得出在外盤龍不知乃衝東擊西奔南突北賊衆莫敢當奉叔見其父久不出復躍馬入陣父子兩騎縈擾數萬人虜衆大敗盤龍父子由是名播北國

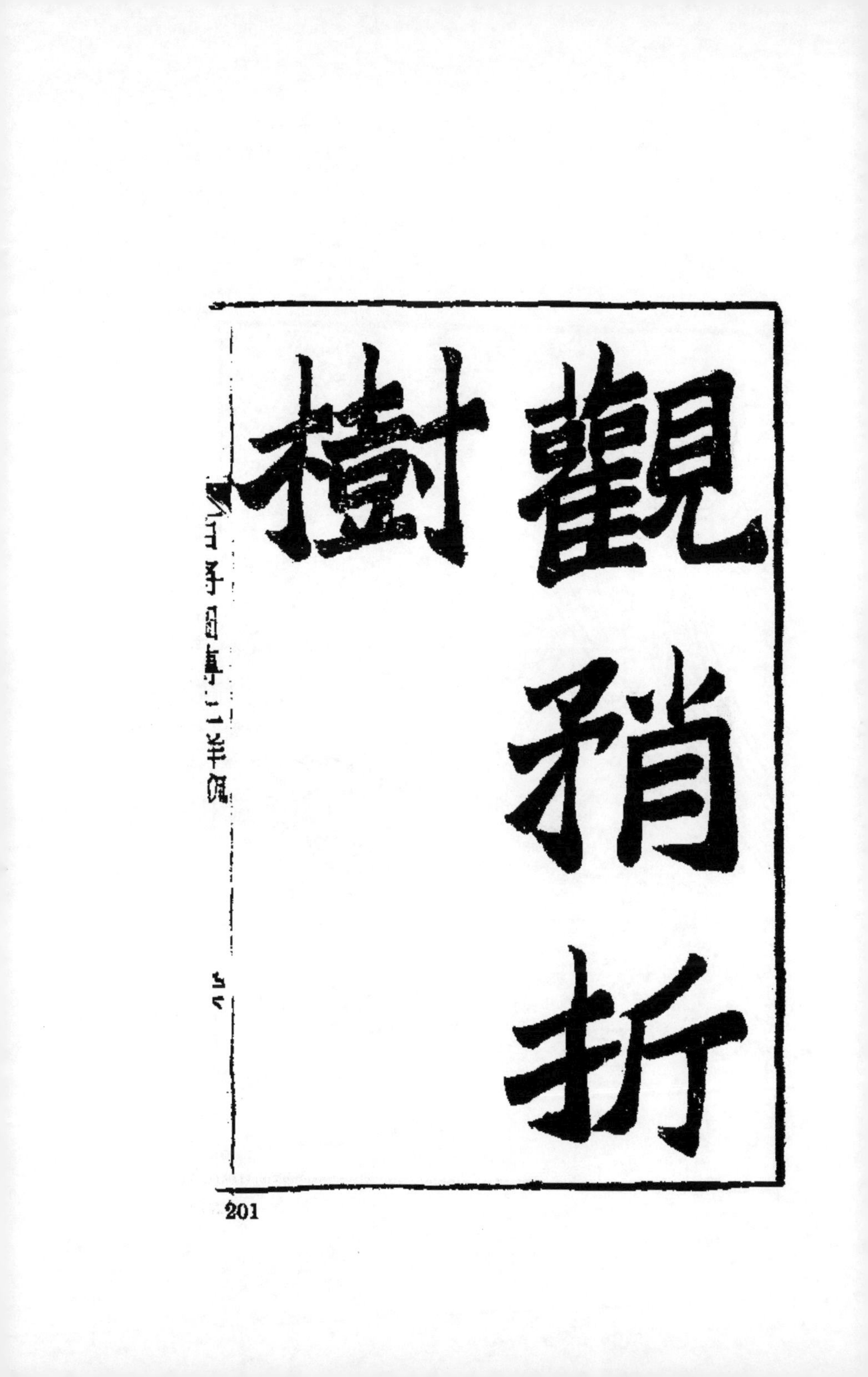

觀矟折樹

羊侃梁

羊侃字祖忻泰山梁父人弱冠隨父在梁州立功初爲尚書郎以力聞魏帝常謂曰郎官謂卿爲虎豈羊質虎皮乎試作虎狀侃因伏以手抉殿沒指魏帝壯之賜以珠劍

大通三年至建鄴授徐州刺史封高昌縣侯累遷太子左衛率侍中車駕幸樂游苑侃預宴時少府奏新造兩刃矟成長二丈四尺圍一尺三寸帝因賜侃河南國紫騮令試之侃執矟上馬左右擊刺各盡其妙觀者登樹帝曰此樹必爲侍中折矣俄而果折因號此矟爲折樹矟

侯景反逼城爲尖項木驢攻城矢石不能制侃作雉尾炬施鐵鏃以油灌之擲驢上焚之俄盡賊又東西起二土山以臨城城中震駭侃命爲地道潛引其土山不能立賊又作登城樓高十餘丈欲臨射城中侃曰車高壍虛彼來必倒可臥而觀之及車動果倒衆皆服焉以疾卒

侃少雄勇旅力絶人所用弓至二十石馬上用六石弓嘗於兗州堯廟蹋壁直上至五尋橫行得七跡泗橋有數石人長八尺大十圍侃執以相擊悉皆破碎

齊鑣射
獵

楊大眼 元魏

楊大眼武都氐難當之孫也少驍捷跳走如飛太和中起家奉朝請時將南伐尚書李沖典選征官大眼往求焉沖弗許大眼曰尚書不見知聽下官出一技便出長繩三丈許繫髻而走繩直如矢馬馳不及沖曰千載以來未有逸材若此者也遂用爲軍主所經戰陣勇冠六軍以功封安成縣子出爲東荊州刺史時蠻酋樊秀安等反詔大眼爲別將隸都督李崇討平之大眼功尤多妻潘氏善騎射自詣軍省大眼至攻戰遊獵之際潘亦戎裝齊鑣並驅及至還營同坐幕下大眼指謂人曰此潘將軍也明帝時加平東將軍大眼撫循士卒呼爲兒

子及見傷痍爲之流涕自爲將帥恒身先兵士當其鋒者莫不摧拉王肅弟康之初歸國也謂大眼曰在南聞君之名以爲眼如車輪及見乃不異於人大眼曰旗鼓相望瞋眸奮發足使君目不能視何必大如車輪當世推其驍果以爲關張弗之過也北淯郡嘗有虎害大眼搏而獲之斬其頭懸於穰市荆蠻相謂曰楊公惡人深山之虎尚所不免遂不敢復爲寇盜大眼雖不學恒遣人讀書而坐聽之悉皆記識令作露布皆口授之而竟不多識字也

射還賞格

韋孝寬

韋孝寬名叔裕京兆杜陵人也弱冠時隨長孫承業西征每戰有功行宜陽郡事東魏將段琛復據宜陽遣揚州刺史牛道常扇誘邊人孝寬深患之乃遣諜人訪道常手跡令善作書者僞作道常與孝寬書論歸款意又爲落燼燒跡若火下書者還令諜人送於琛營琛得書果疑道常經畧皆不見用孝寬知其離間因出奇兵掩襲擒道常及琛等崤澠遂清齊神武高歡傾東山之衆志圖西入以玉壁衝要盡攻擊之術孝寬咸拒破之神武無如之何乃遣參軍祖孝正謂孝寬曰未聞救兵何不降也孝寬報曰我城池嚴固兵食有餘攻者自勞守

者常逸孝寬關西男子必不爲降將軍也祖孝正因又射募格於城中曰能斬城主降者拜太尉封開國郡公邑萬戶賞帛萬疋孝寬手題書背反射城外云若有斬高歡者亦依此賞神武苦戰六旬智力俱困因而發疾其夜遁去

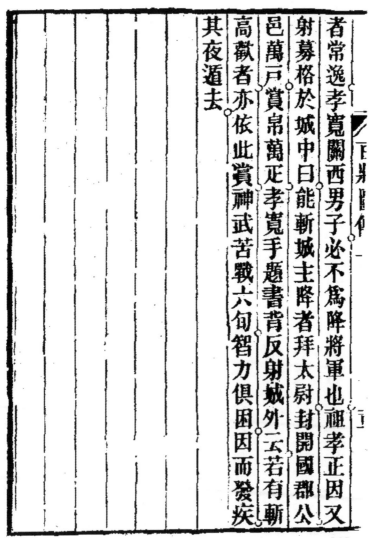

百將圖傳下目錄

白孝德　登隄斬將

南霽雲　射蒿辨賊

雷萬春　雍邱固守

韓遊瓌　火焚攻具

崔甯　寶輿迎捷

李嗣業　袒呼決陣

馬燧　披心示賊

渾瑊　隧陷雲梁

李晟　錦裘督戰

李愬　橐鞬謁道

石雄　穴城出擊

柴再用　林中奪馬
周德威　鎗中夜文
王彥章　棘林赤腳
曹彬　焚香禁殺
曹瑋　邀客按邊
狄青　微服度關
楊延昭　注水冰城
宗澤　單騎赴州
岳飛　水戰楊么
韓世忠　桴鼓助戰
楊存中　任城血戰

劉錡　渦口占風
吳玠　黃柑遺敵
吳璘　新立壘陣
曲端　點軍縱鴿
王德　入府縛酋
畢再遇　建旗駭敵
李寶　酹酒止風
魏勝　據關飲宴
伯顏　迴軍斬將
史弼　里門舉獅
徐達　伏階稱罪

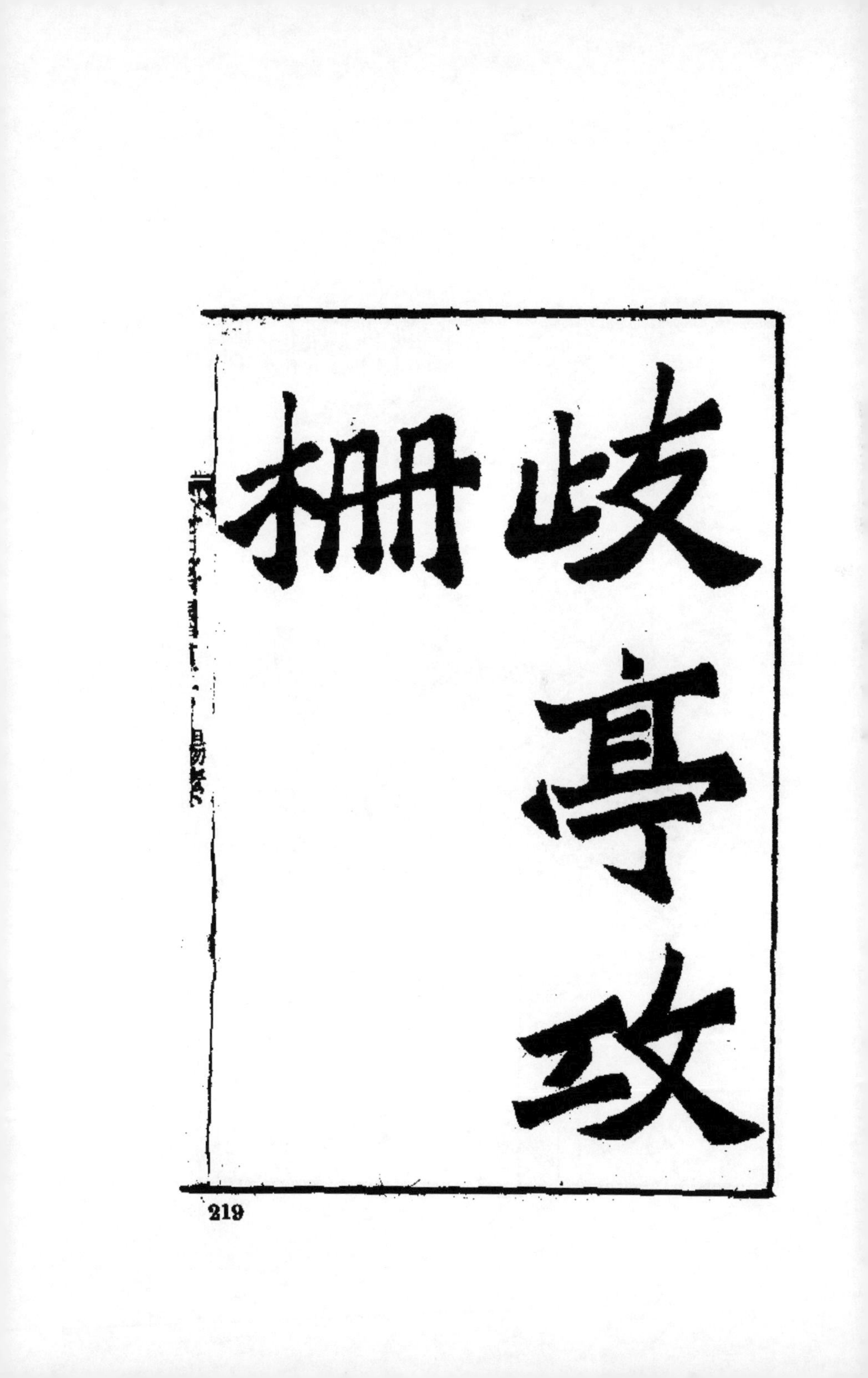

岐亭攷

柵

楊素 隋

楊素字處道弘農華陰人也隋高祖圖江表拜素信州總管爲行軍元帥乃造大艦名曰五牙上起樓五層高百餘丈容戰士八百人旗幟羅列於上水軍乘下舳艫蔽江旗甲耀日素坐大船容貌雄偉陳人望之懼曰清河公卽江神也陳內史呂仲肅屯岐亭正據江峽鑿巖綴鐵鎖三條橫絕上流以遏戰船素與大將劉仁恩登陸俱發先攻其栅仲肅軍夜潰素乃徐去其鎖仲肅復據荆門之延洲素遣巴蜑卒千人乘五牙四艘以柏檣碎賊十餘艦遂大破之仲肅僅以身免

漢王諒反素率衆討諒諒栅絕徑路屯據高壁布陣五

十里素令諸將以兵臨之自引奇兵潛入霍山緣崖谷而進直指其營一戰破之殺傷甚眾遂進逼并州諒窮蹙出降餘黨悉平

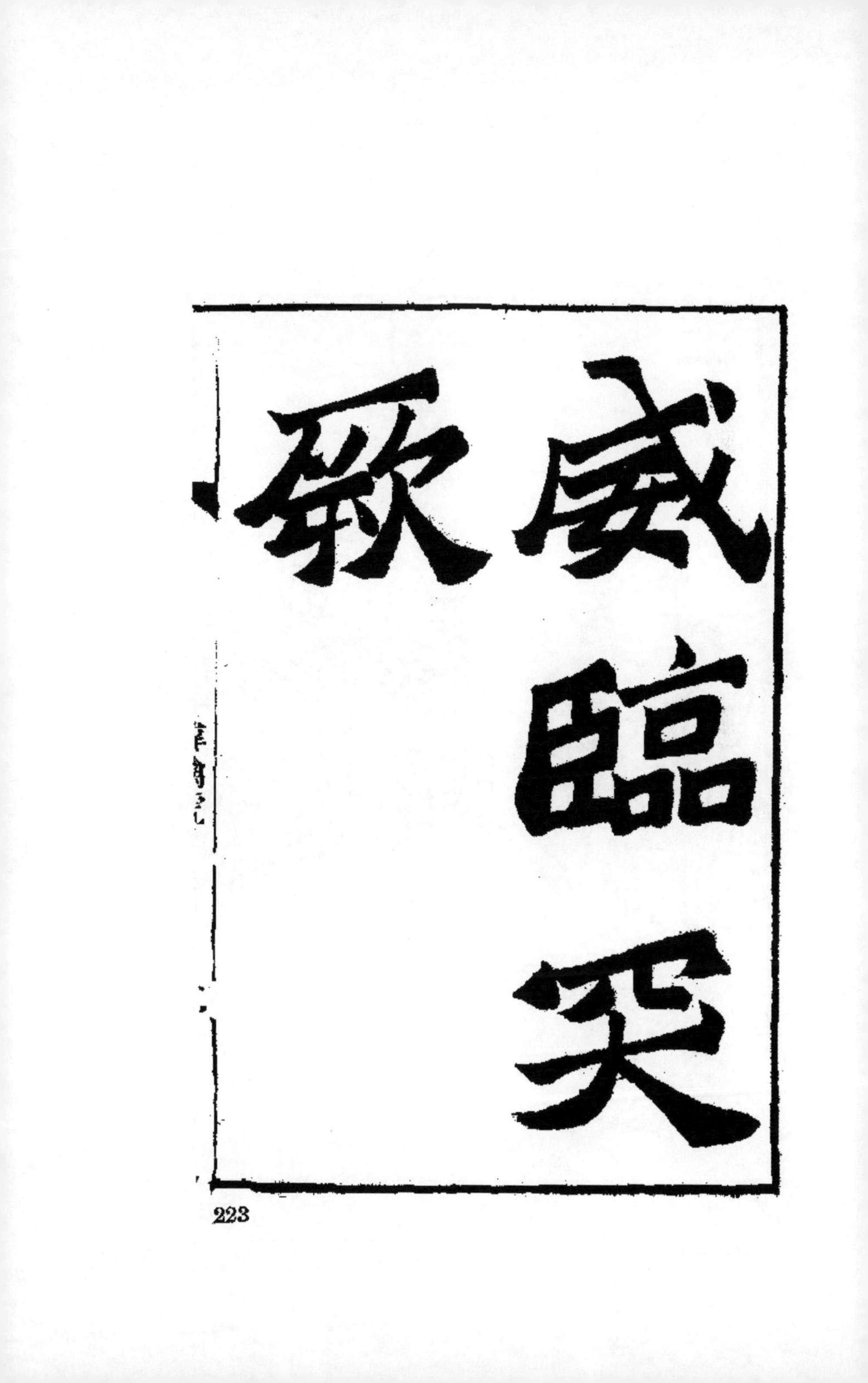

咸臨丸歌

韓擒虎 隋

韓擒虎字子通河南東垣人也開皇初隋高祖大舉伐陳以擒虎爲先鋒擒虎率五百人宵濟襲采石守者皆醉擒虎遂取之進攻姑孰半日而拔次於新林陳人大駭擒虎以精騎五百直入朱雀門陳人散走遂平金陵執陳叔寶先是江東有謠歌曰黃班青驄馬發自壽陽涘來時冬氣末去日春風始皆不知所謂擒虎平陳之際乘青驄馬往返時節與歌相應至是方悟

突厥來朝高祖謂之曰汝聞江南有陳國天子乎對曰聞之上命左右引突厥厥詣擒虎前曰此是執得陳國天子者擒虎厲然顧之突厥惶懼不敢仰視無何其隣母

見擒虎門下儀衛甚盛有同王者異而問之其人曰我來迎王忽然不見又有人疾篤忽驚走至擒虎家曰欲謁王左右問曰何王答曰閻羅王子弟欲撻之擒虎止之曰生爲上柱國死作閻羅王斯亦足矣寢疾數日而卒

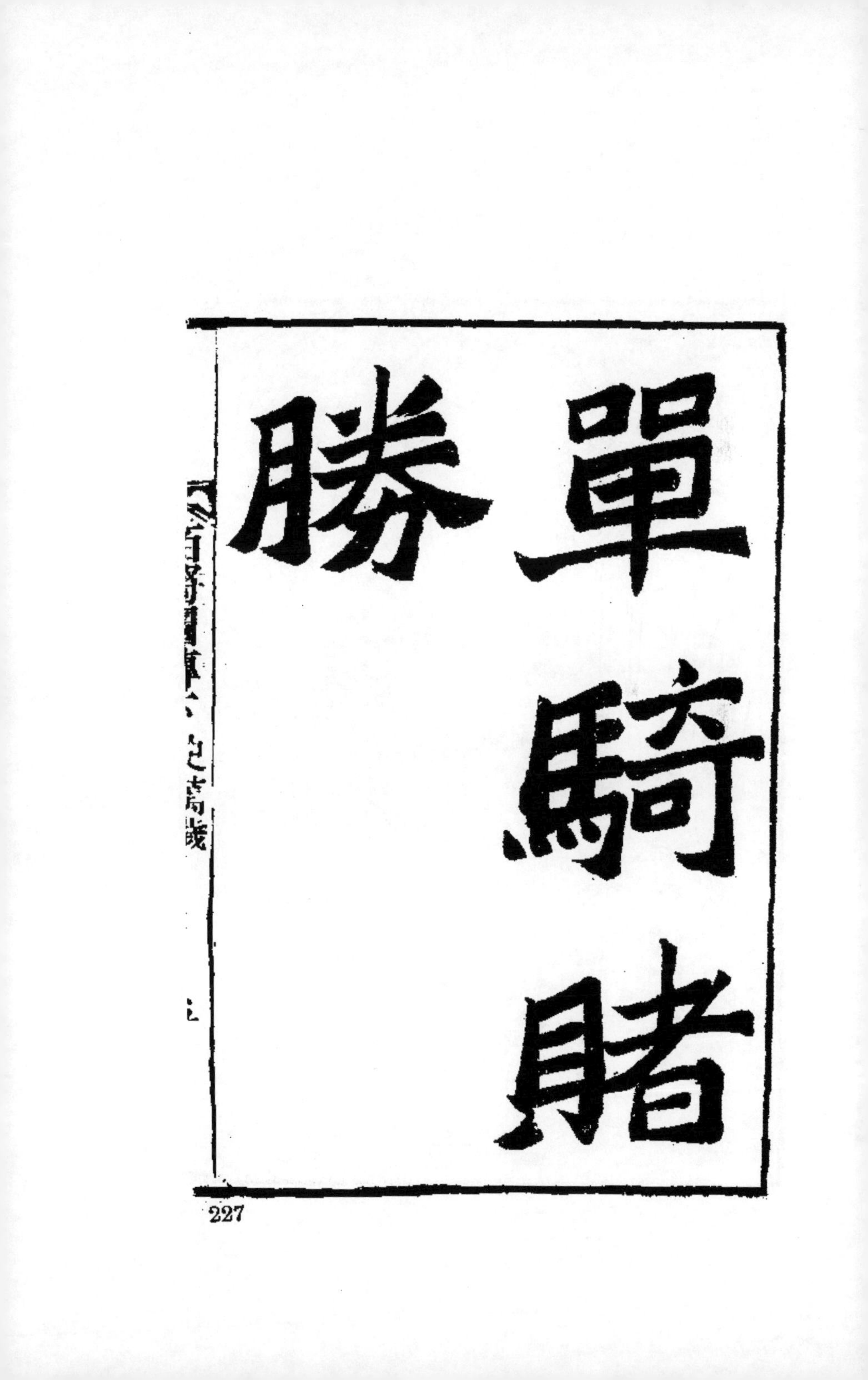

單騎賭勝

史萬歲 隋

史萬歲京兆杜陵人也少英武善騎射從梁士彥擊尉遲迥軍次馮翊見羣雁飛來謂士彥曰請射行中第三者應弦而落及與尉遲迥遇每戰先登竇榮定之擊突厥也萬歲詣軍門請自效榮定素聞其名見而大悅因遣人謂突厥曰士卒何罪過令殺之但當各選壯士決勝負耳突厥許諾因遣一騎挑戰榮定遣萬歲出應之萬歲馳斬其首而還突厥大驚不敢復戰引軍遁去

高智慧等作亂萬歲率衆二千自東陽別道而進踰嶺越海攻陷溪洞不可勝數前後七百餘戰轉鬭千餘里寂無聲問者十旬遠近皆以為沒萬歲以信使不通乃

置書竹筒浮之於水汲者得之始得耗上其事高祖嗟
嘆賜其家錢十萬還拜左領軍將軍
南甯夷爨翫復叛命萬歲率眾擊之賊屯要害皆被擊
破進拔其三十餘部諸夷大懼遣使請降萬歲臨陣對
敵應變無窮當時號爲良將

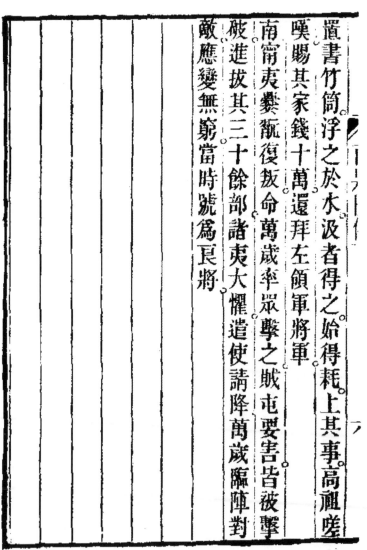

一箭雙鵰

長孫晟 隋

長孫晟字季晟善彈射趫捷過人年十八仕周爲司衛上士突厥攝圖請婚周以趙王女妻之妙選驍勇充使因遣晟副宇文神慶送千金公主至其牙前後使人數十攝圖獨愛晟每共遊獵嘗有二鵰飛而爭肉因以兩箭與晟晟馳往遇鵰相攫一發雙貫焉

晟說突厥染干南徙居度斤舊鎮雍閭疾之亟來抄略大戰於大長城下染干敗與晟獨以五騎逼夜南走至旦行百餘里收得數百騎乃謀投突厥晟知懷貳密遣使入伏遠鎮遽舉四烽染干問晟城上烽然何也晟紿之曰我國家法若賊少舉二烽來多舉三烽大逼則舉

四烽耳染干大懼謂其眾曰追兵已逼且可投城旣入
鎭晟留其達官執竇領其眾自將染干馳驛入朝帝大
喜進晟左勳衛驃騎將軍持節護突厥
隋文帝賜𤅢豆敵人可汗射於武安殿選善射者十二
人分爲兩朋敵人曰臣由長孫大使得見天子願入其
朋帝許之給箭六發皆入鹿敵人之朋竟勝時有鳶羣
飛上顧晟曰公善彈爲我取之十發皆應丸而落

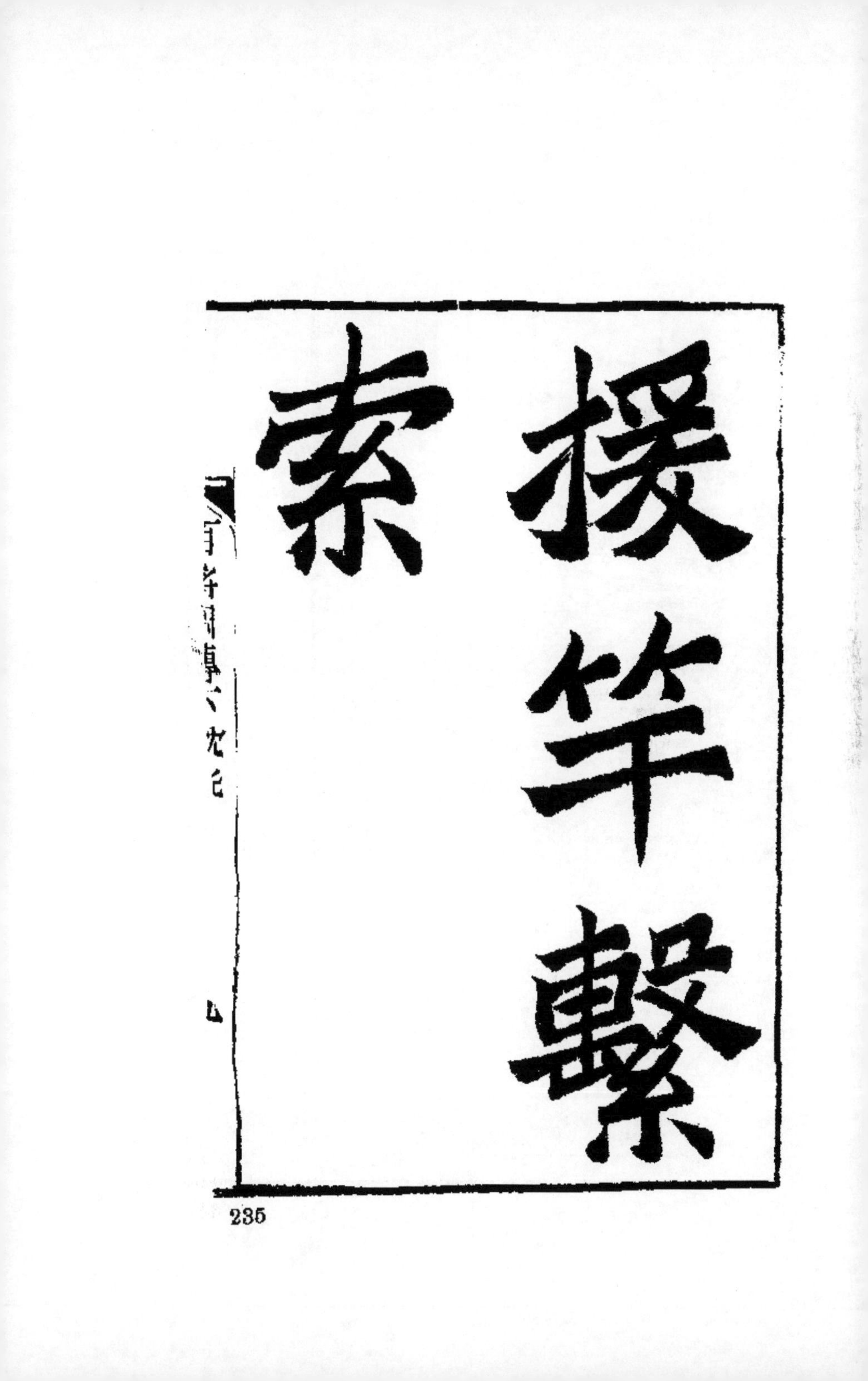

援竿繫索

沈光　隋

沈光字總持吳興人也少驍捷善戲馬爲天下最初建禪定寺其中幡竿高十餘丈適遇繩絕非人力所及諸僧患之光見而謂僧曰可持繩來當相爲上耳諸僧驚喜因與之先以口銜索拍竿而上直至龍頭繫繩畢手足皆放透空而下以掌拒地倒行數十步觀者駭悅莫不嗟異時人號爲肉飛仙

大業中煬帝徵天下驍果之士光預焉從攻遼東以衝梯擊城竿長十五丈光升其端臨城與賊短兵接殺十數人賊競擊之而墜未及於地適遇竿有垂絙光接而復上帝見壯異之卽日拜朝請大夫賜寶刀良馬

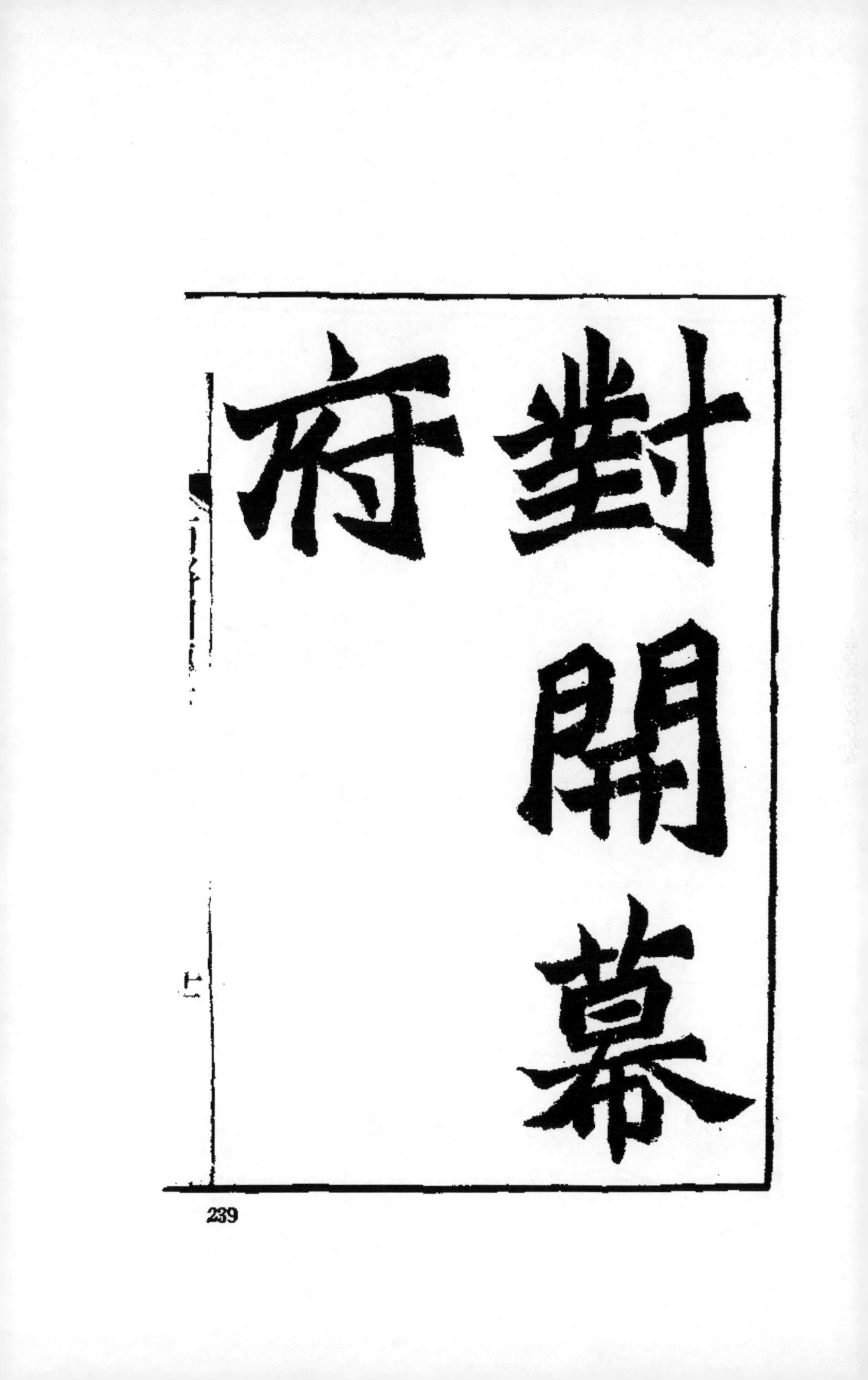

對開幕府

柴紹 唐

柴紹字嗣昌晉州臨汾人幼趫悍有武力以任俠聞補隋太子千牛備身高祖妻以平陽公主將起兵紹走間道迎謁時太子建成齊王元吉亦自河東往遇諸塗建成曰追書急恐吏逮捕請依劇賊冀自全紹曰不可賊知君唐公子必執以爲功徒死爾不如疾走太原旣入雀鼠谷聞義兵起謂紹有謀乃相賀授右領軍大都督府長史領彀騎發晉陽先抵霍邑城下覘形勢還白宋老生一夫敵我兵到必出戰可虜也大師至老生果出紹力戰有功從下臨汾絳郡隋將桑顯和來戰紹引軍繚其背與史大奈合攻之顯和敗遂平京師進右光祿

大夫封臨汾郡公高祖卽位拜左翊衛大將軍累從征討以多進封霍國公遷右驍衛大將軍吐谷渾黨項寇邊敕紹討之虜據高射紹軍雨矢士失色紹安坐遣人彈胡琵琶使二女子舞虜疑之休射觀紹伺其懈以精騎從後掩擊大潰斬首五百級貞觀二年平梁師都轉左衛大將軍出爲華州刺史加鎭軍大將軍徙譙國旣病太宗親問之卒贈荆州都督謚曰襄

初高祖兵興主居長安紹曰尊公將以兵淸京師我欲往恐不能偕奈何主曰公行矣我自爲計紹詭道走并州主奔鄠發家貲招數百人應帝因略地盩厔武功始平下之乃申法誓衆禁剽奪遠近咸附勒兵七萬威振

關中帝度河紹以數百騎並南山來迎主引精兵萬人與秦王會渭北紹及主對置幕府分定京師號娘子軍帝即位以功給賚不涯武德六年薨葬加前後部羽葆鼓吹大路麾幢虎賁甲卒班劍太常議婦人葬古無鼓吹帝不從曰鼓吹軍樂也往者主身執金鼓參佐命於古有邪宜用之

殿前奪
矟

尉遲恭 唐

尉遲敬德名恭以字行朔州善陽人初從宋金剛後與尋相降秦王及尋相叛諸將疑恭且亂秦王曰不然恭如叛甯後尋相耶因釋之引見卧內曰丈夫意氣相許小嫌不足置胸中我終不以讒害良士因賜之金曰必欲去以爲汝資是日卽獵榆巢王世充自將數萬來戰其驍將單雄信直趨秦王王危甚恭躍馬大呼橫刺雄信墜馬乃翼王出率兵還戰遂大敗之王顧曰衆皆疑公叛我獨信無他何相報之速耶隱太子嘗以書招恭金皿一車恭辭曰秦王實生之方以身殉恩今於殿下無功其敢當賜若私許則懷二心徇利棄忠殿下亦焉

用之哉太子怒而止恭告秦王王曰公心如山岳雖積金至斗豈能移之然恐非自安計巢王果遣壯士刺之恭開門安臥賊至不敢入因譖於高祖將殺之秦王固爭得免恭善避矟每單騎入賊雖羣刺之不能傷又能奪取賊矟還刺之齊王元吉使去刃與之校恭請王加刃而獨去之卒不能中帝嘗問奪矟與避矟孰難對曰奪矟難試使與齊王戲王三失矟遂乃大服

天山三箭

薛仁貴 唐

薛仁貴絳州龍門人少貧賤將改葬其先其妻曰夫有高世之才要須遇時乃發今天子自征遼東求猛將此難得之時盍圖功名以自顯富貴還鄉葬未晚乃往應募王師攻安市城高麗莫離支率兵二十萬拒戰太宗命諸將分擊之仁貴恃驍悍欲立奇功乃著白衣自標顯持戟腰鞬兩弓呼而馳所向披靡軍乘之賊遂奔潰帝望見遣使馳問先鋒白衣者誰曰薛仁貴帝召見嗟異賜金帛人馬甚眾師還帝謂曰朕舊將皆老欲擢驍勇付閫外事莫如卿者遷右領軍中郎將

鄭仁泰為鐵勒道行軍總管詔仁貴往副之將行賜宴

內殿帝曰古善射有穿七札者卿以五甲射焉仁貴一
發洞貫帝大驚更取堅甲賜之時九姓衆十餘萬令驍
騎數十人來挑戰仁貴發三矢輒殺三人於是虜氣懾
皆降仁貴慮爲後患悉坑之以歸軍中歌曰將軍三箭
定天山壯士長歌入漢關九姓遂衰

免冑見
酋

郭子儀　唐

郭子儀字子儀。華州鄭人。長七尺二寸。以武舉異等補左衛長史。累功至中書令。帝詔大舉九節度師討安慶緒。子儀自杏園濟河。圍衞州。慶緒分其眾爲三軍。將戰。子儀選善射三千士伏壁內。誡曰。須吾却。賊必乘壘。若等譟而射。既戰。偽遁。賊薄營。伏發。注射如雨。賊震駭。王師整而奮。斬首四萬級。獲鎧胄數十萬。執安慶和。收衞州。

永泰元年。僕固懷恩糾合吐蕃回紇黨項羌渾奴剌等三十萬眾。掠涇邠。躪鳳翔。入醴泉奉天。京師大震。於是天子自將屯苑中。急召子儀屯涇陽。軍纔萬人。比到。虜騎圍已合乃使李國臣高昇魏楚王陳回光朱元琮各當一面身自率鎧騎二千出入陣中回紇怪問是誰報曰郭令公驚曰令公存乎懷恩言天可汗棄天下令公即世中國無主故我從以來公今存天可汗存乎報曰天子萬壽回紇悟曰彼欺我乎子儀使諭虜曰昔回紇涉萬里戡大憝助復二京我與若等休戚同之今乃棄舊好助叛臣一何愚也彼背主棄親於回紇何有回紇曰本謂公云亡不然何以至此今誠存我得見乎子儀將出左右諫戎狄野心不可信子儀曰虜眾數十倍今力不敵吾將示以至誠左右請以騎五百從又不聽郎傳呼曰令公來虜皆持滿待子儀以數十騎出免冑見

其大酋曰諸君同艱難久矣何忽亡忠誼而至是耶回紇捨兵下馬拜曰果吾父也子儀即召與飲遺錦綵結歡誓好如初因曰吐蕃本吾舅甥國無負而來棄親也馬牛被數百里公等若倒戈乘之若俛取一芥是謂天賜不可失且逐戎得利與我繼好不兩善乎會懷恩暴死羣虜無所統一遂許諾吐蕃疑之夜引去子儀遣將白元光合回紇衆追躡大軍繼之破吐蕃十萬於靈臺西原斬級五萬俘萬人盡得所掠士女牛羊馬橐駝不勝計

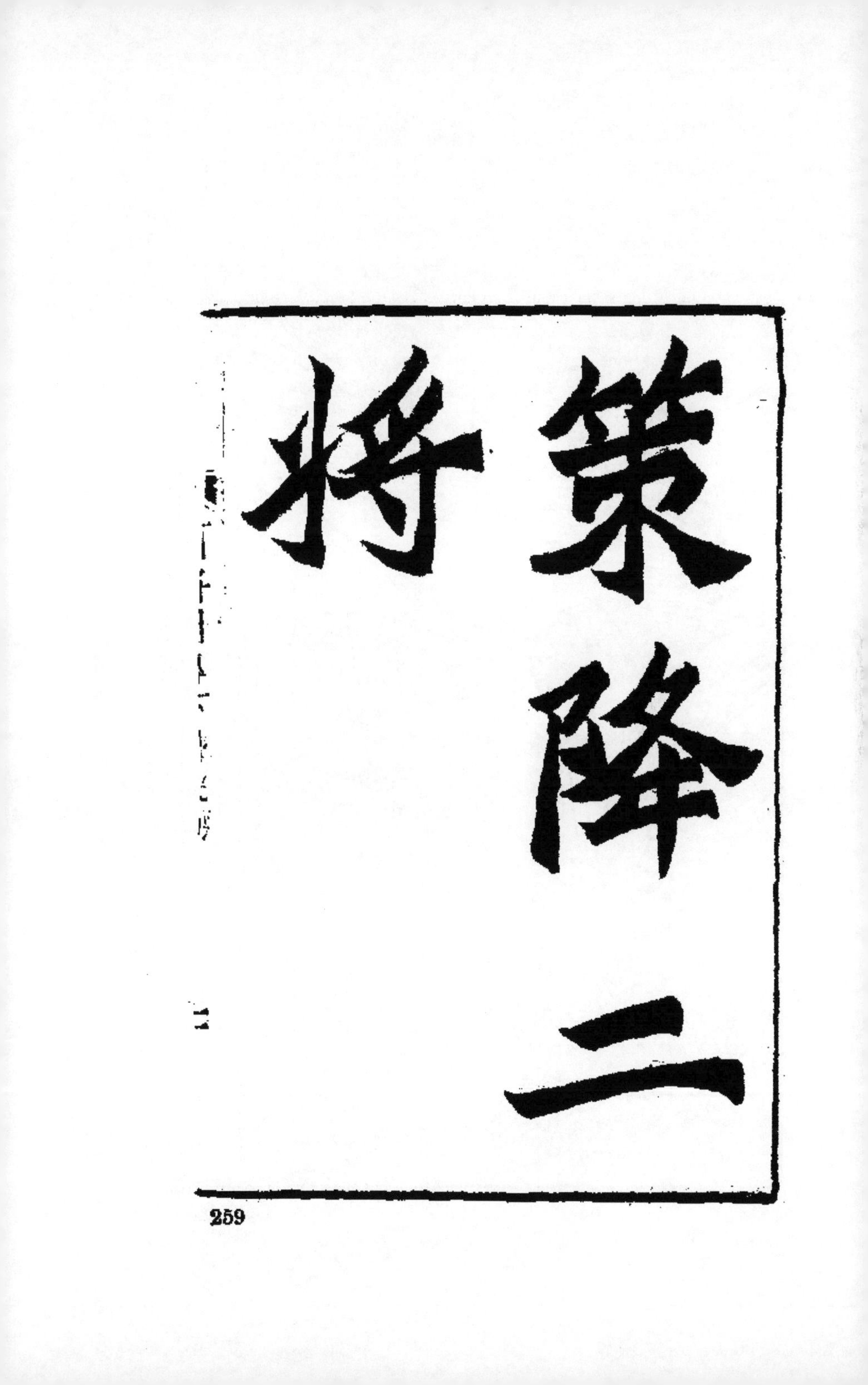

策降二將

李光弼 唐

李光弼營州柳城人沉果有大略安祿山反郭子儀薦其能加河北採訪使至德二載史思明蔡希德率衆十萬攻光弼時銳兵悉赴朔方而麾下士卒不滿萬衆議培城以守光弼曰城環四十里賊至治之徒疲吾人乃撤民屋爲櫑石車車二百人挽之石所及輒數十人死賊傷十二思明爲飛樓障以木幔築土山臨城光弼遣兵穴地頹之思明宴城下倡優居臺上慚辱天子光弼遣人隧地擒取之思明大駭徙牙幔遠去軍中皆視地後行又潛溝營地將沉其軍乃佯約降至期以甲士守陴遣裨校出若送款者思明大悅俄而賊數千没於塹

城上鼓譟突騎出乘之俘斬萬計思明引去光弼移軍河陽賊帥周摯與安太淸合兵二萬攻之光弼執大旗令衆曰望吾旗麾若緩可觀便宜若三麾至地諸軍畢入生死以之退者斬旣而馮堞望陣廷玉軍不能前趨左右取其首來廷玉曰馬中矢非却也乃易壯馬有裨將援矛刺賊洞馬腹又有不戰而却者光弼召援矛者賜絹五百疋不戰者斬光弼麾旗三諸軍爭擊賊衆奔敗擒周摯太淸逸襲懷州守之光弼圍懷州思明來救聲言渡河絕餉路光弼壁野水渡旣夕還軍留將雍希顥守戒之曰賊將高暉李日越萬人敵也賊必使刦我爾留此賊至勿與戰若降與偕來左右竊怪語無倫是

日思明果召日越曰光弼野次爾以鐵騎五百夜取之不然無歸日越至壘使人問曰太尉在乎曰去矣兵幾何曰千人將爲誰曰雍希顥日越謂其下曰我受命在光弼今獲希顥歸不免死遂請降希顥與俱至光弼厚待之表授金吾大將軍高暉聞之亦降或曰公降二將何易也光弼曰思明再敗恨不得野戰聞我野次彼固易之命將來襲必許以死希顥無名不足以爲功日越懼死不降何待高暉才出日越之右降者見遇貳者得不思奮乎諸將皆服光弼治軍嚴重謀定後戰能以少制眾與郭子儀齊名卒年五十七謚武穆

特登
将陞
　斬

二十五年用事六、白老虎

白孝德 唐

白孝德安西人事李光弼爲偏裨史思明攻河陽使驍將劉龍仙以騎五千挑戰加右足馬鬣上嫚罵光弼光弼登城顧諸將曰孰能取是賊僕固懷恩請行光弼曰是非大將所宜左右以孝德對召問所須幾兵對曰願出五十騎見可而進大軍鼓譟以張吾氣足矣光弼撫其背遣之孝德挾二矛策馬絕河半濟懷恩賀曰事克矣其攬轡便辟可萬全者龍仙見易之不爲動將至若引避然孝德搖手止之曰侍中使致辭無它與語頃之瞋目曰賊識我乎我白孝德也龍仙罵之乃躍馬前搏城上因大譟五十騎繼進龍仙環隄走追斬其首以還

後累功至北庭行營節度使徙邠甯僕固懷恩引吐蕃兵入寇孝德擊敗之永泰初吐蕃回紇圍涇陽郭子儀說回紇約盟吐蕃退走子儀使渾瑊以兵五千出奉天命孝德應之大戰赤沙烽斬獲甚眾累封昌化郡王歷太子少傅建中元年卒贈太保

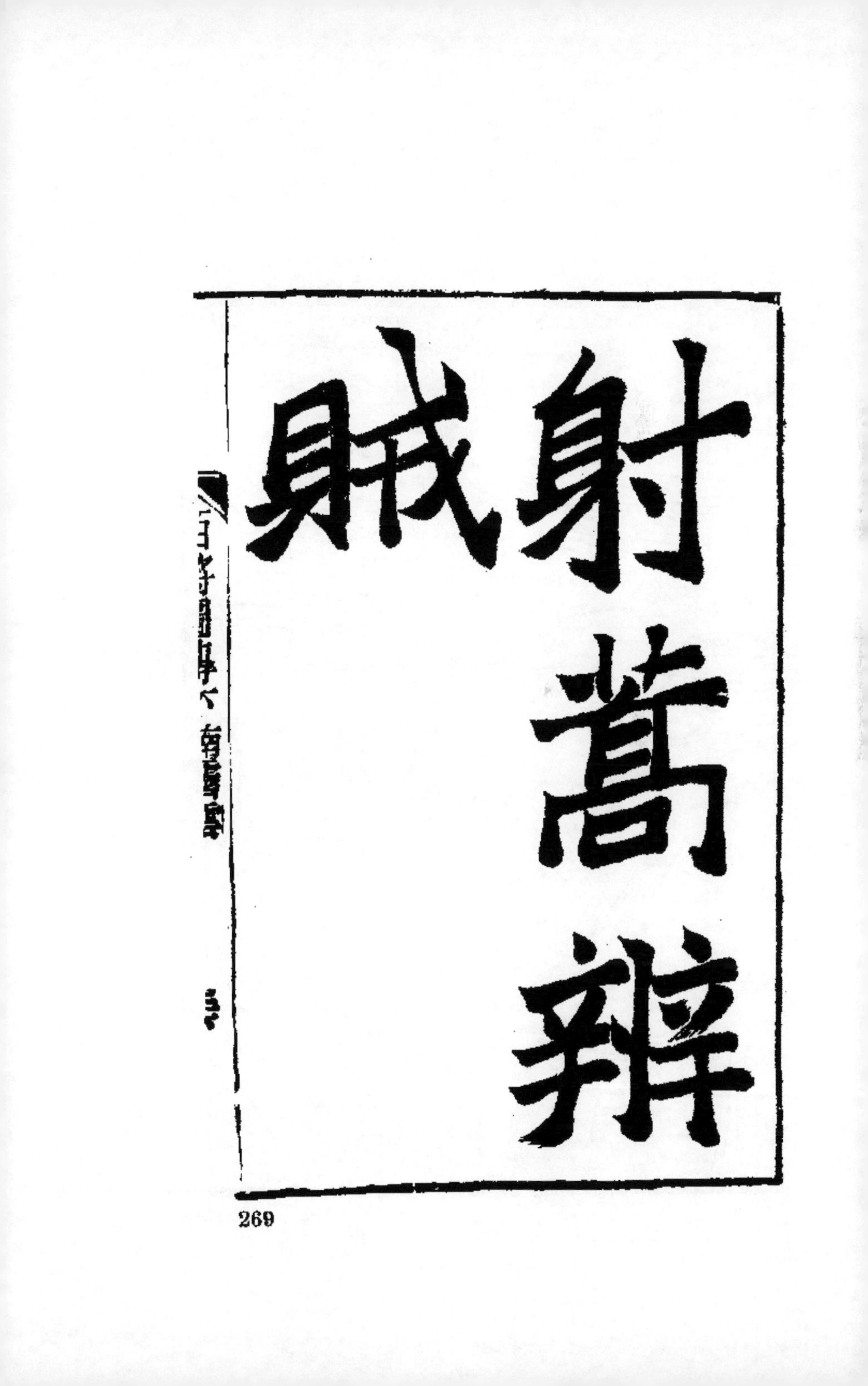

射蒿辨賊

南霽雲 唐

南霽雲魏州頓邱人少微賤爲人操舟祿山反鉅野尉張沼起兵討賊拔以爲將尚衡擊汴州賊李廷望以爲先鋒遣至睢陽與張巡計事退謂人曰張公開心待人眞吾所事也遂留巡所霽雲善騎射見賊百步內乃發無不應弦斃慶緒將尹子琦圍睢陽巡欲射子琦莫能辨因剡蒿爲矢中者喜謂巡矢盡走白子琦得其狀使霽雲射一發中左目

雍邱固守

雷萬春 唐

雷萬春者不詳其所來。事張巡爲偏將。令狐潮圍雍邱。萬春立城上與潮語。伏弩發六矢著面。萬春不動。潮疑刻木人。諜得其實。乃大驚。遙謂巡曰。向見雷將軍。知君之令嚴矣。

火焚攻具

韓游瓌 唐

韓游瓌靈州靈武人始爲郭子儀裨將累進鄰甯節度使奉天之狩兵未集游瓌與慶州刺史論惟明以兵三千來赴自乾陵北趨醴泉未至有詔引軍屯便橋次泥泉與朱泚兵値游瓌欲還奉天監軍翟文秀曰吾壁於此賊敢踰我而西可夾攻取之今入奉天賊亦隨至是引賊近天子也游瓌曰不然我寡賊衆彼能分以亢我餘衆猶能鼓而西也不如先入衞天子且奉天無强卒安能夾攻吾士乏且寒賊以利誘之衆且潰遂還奉天泚兵躡攻之游瓌殊死戰乃解泚大治戰棚雲橋士皆懼游瓌曰賊取佛祠乾木爲攻具可以火之旣而賊大

謀攻南雉游瓌曰是分吾力也趨北雉遣將以銳士三百傅滿直出火其棚投薪於中風返棚皆燼賊氣沮諸將推游瓌赴難功第一李懷光叛誘游瓌爲變游瓌白發其書帝曰卿可謂忠義矣懷光走蒲州游瓌屯七盤受李晟節度與渾瑊分阨京西要險京師平遷檢校尙書左僕射懷光寇同州游瓌率兵敗賊於屯遂會渾瑊馬燧圍蒲城懷光見勢蹙乃縊死

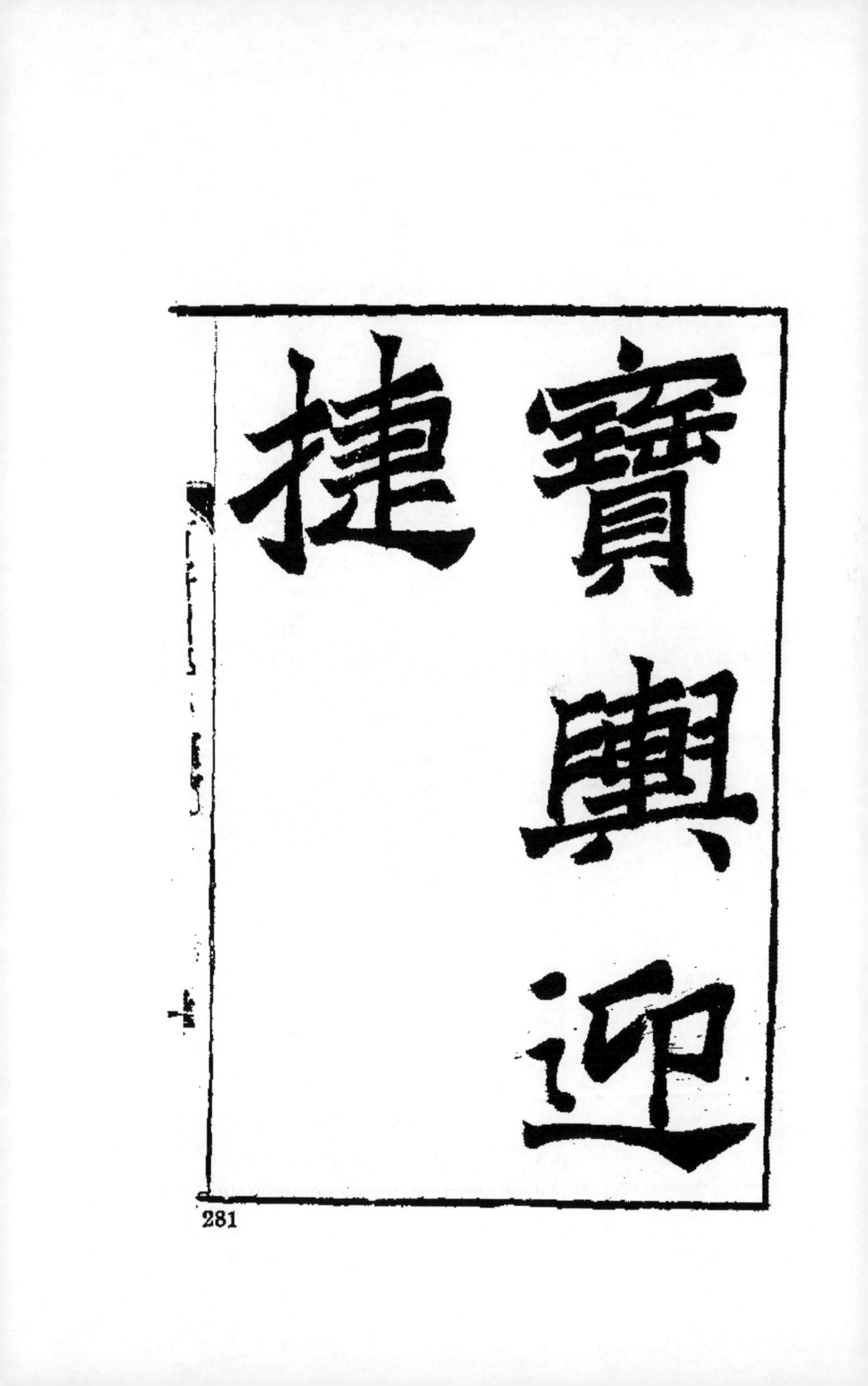

寶輿迎

捷

崔甯　唐

崔甯本貝州安平人後徙衞州以步卒事鮮于仲通累功爲刺史嚴武爲劍南節度吐蕃引雜羌寇西山破柘靜等州武遣甯將而西既薄城賊皆累石城下不得攻惟東南不合者丈餘諜知之乃爲地道再宿而拔振地數百里虜衆驚相謂曰甯神兵也及還武大悅裝七寶轝迎入成都以夸於軍

袒呼決
陣

書列傳 李嗣業

李嗣業 唐

李嗣業京兆高陵人長七尺膂力絕眾應募安西軍中初用陌刀而嗣業尤善高仙芝討勃律署嗣業及中郎將田珍爲左右陌刀將時吐蕃兵十萬屯娑勒城據山瀕水聯木作郛以扼王師仙芝潛軍濟信圖河令曰及午破賊不者皆死嗣業提步士升山顛石四面以擊賊又樹大旗先走險諸將從之虜不虞卒至因大潰投崖谷死者十八鼓而驅至勃律禽其主平之授右威衞將軍

安祿山反肅宗追之詔至即引道與諸將割臂盟曰所過郡縣秋毫不可犯至鳳翔上謁帝喜曰今日卿至賢

於數萬眾事之濟否固在卿輩廣平王收長安嗣業統前軍陣於香積祠北賊酋李歸仁擁精騎薄戰王師注矢逐之走未及營賊大出掩追騎還蹂王師於是亂不能陣嗣業謂子儀曰今日當蹈萬死取一生即袒持長刀大呼出陣前殺數十人陣復整步卒二千以陌刀長柯斧堵進所向無前歸仁匿兵營左覘軍勢王分回紇銳兵擊其伏嗣業出賊背合攻之自日中至昃斬首六萬級塡澗壑死幾半賊東去遂平長安

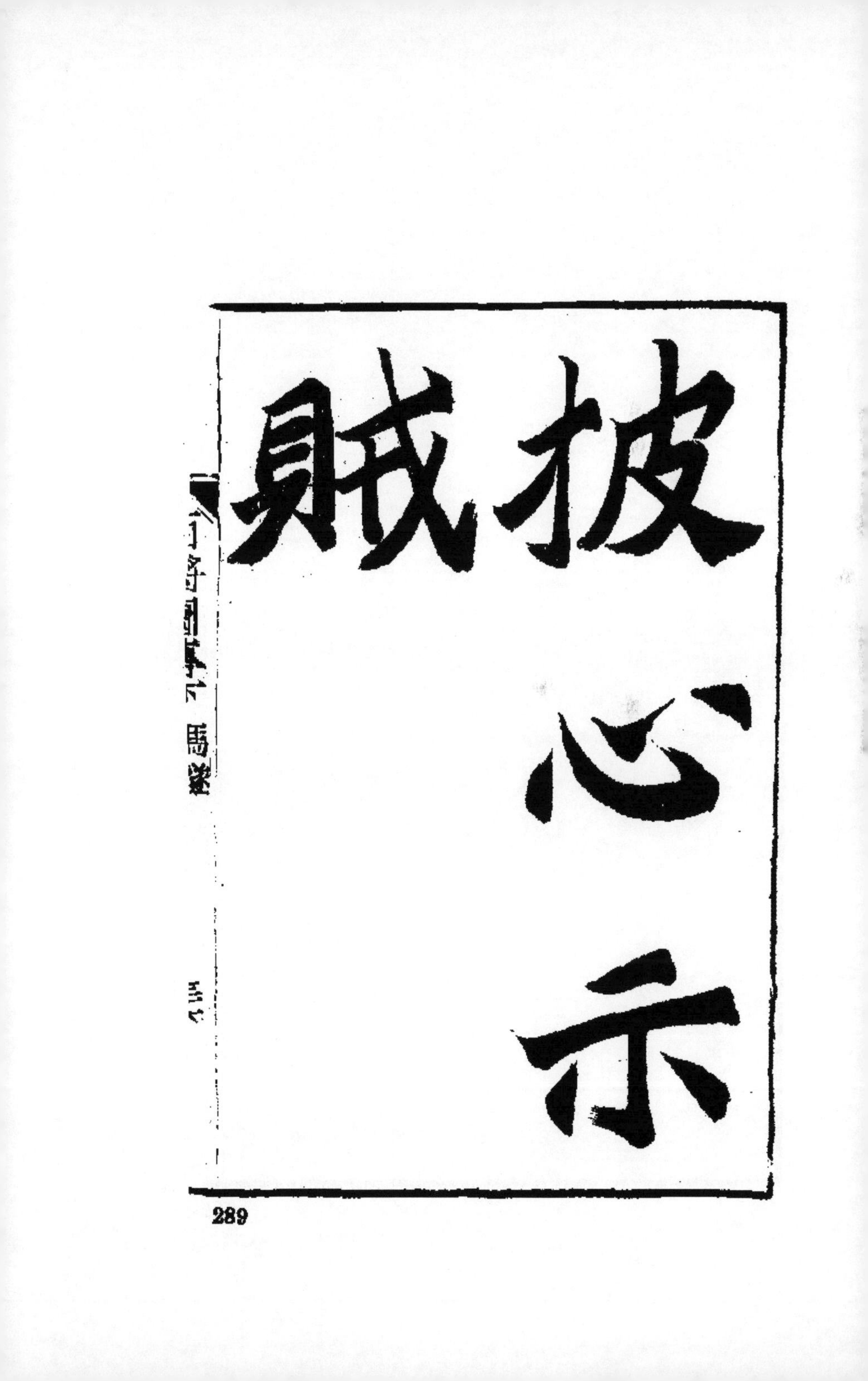

披心示賊

馬燧　唐

馬燧字洵美汝州郟城人姿度魁傑長六尺二寸與諸兄學輟策歎曰方今天下有事丈夫當以功濟四海詎老一儒哉更學兵書戰策沈勇多算寶應中澤潞節度使李抱玉署爲趙城尉時回紇還國恃功恣睢所過皆剽傷州縣供餼不稱輒殺人抱玉將饋勞賓介無敢往燧自請典辦具乃先賂其酋與約得其旗章爲信犯令者得殺之燧又取死囚給役左右小違令輒戮死虜大駭至出境無敢暴者抱玉才之

李懷光反河中詔燧爲河東行營副元帥與渾瑊駱元光合兵討之賊將徐廷光守長春宮城燧度長春不下

則懷光固守久攻所傷必衆乃挺身至城下見廷光廷光憚燧威拜城上燧顧其心已屈徐曰我自朝廷來可西嚮受命廷光再拜燧曰公等朔方士自祿山以來功高天下奈何棄之爲族滅計若從吾言非止免禍富貴可遂也未對燧曰爾以吾爲欺耶今不遠數步可射我披而示之心廷光感泣一軍皆流涕卽率衆降燧以數騎入其城衆大呼曰吾等更爲王人矣渾瑊歎曰嘗疑馬公能窘田悅今觀其制敵固有過人者吾不逮遠矣燧兵濟河賊將牛名俊斬懷光降河中平

隧陷雲
梁

渾瑊　唐

渾瑊本鐵勒九姓之渾部也瑊年十一善騎射隨父釋之防秋朔方節度使張齊丘戲曰與孔嫗俱來耶是歲立跳盪功後二年從破賀魯部拔石堡城龍駒島其勇常冠軍大歷七年吐蕃盜塞深入瑊會涇原節度使馬璘討之次黃菩原瑊引眾據險設槍壘自營遏賊奔突舊將史抗等內輕瑊顧左右去槍叱騎馳賊既還虜躡而入遂大敗子儀召諸將曰朔方軍高天下今敗於虜奈何瑊曰願再戰乃馳朝那與鹽州刺史李國臣趨秦原吐蕃引去瑊邀擊破之悉奪所掠而還

帝狩奉天瑊率家人子弟以從朱泚兵薄城矢石四集

晝夜不息城中死者可藉人心危惴帝與瑊相泣泚方
據乾陵下瞰城造雲梁廣數十丈施大輪濡氈及革冒
之周布水囊爲鄣指城東北周置木廬運薪土將塞隍
瑊與防城使仲莊揣雲梁所道掘大隧積馬矢及薪然
之賊乘風推梁以進載數千人王師乘城者皆凍餒甲
弊兵盬瑊但以忠義感率使當賊人憂不支羣臣號天
以禱瑊中矢自揠去被血而戰愈厲雲梁及隧而陷風
返恐焚賊皆死舉城歡譟會李懷光奔難賊乃去

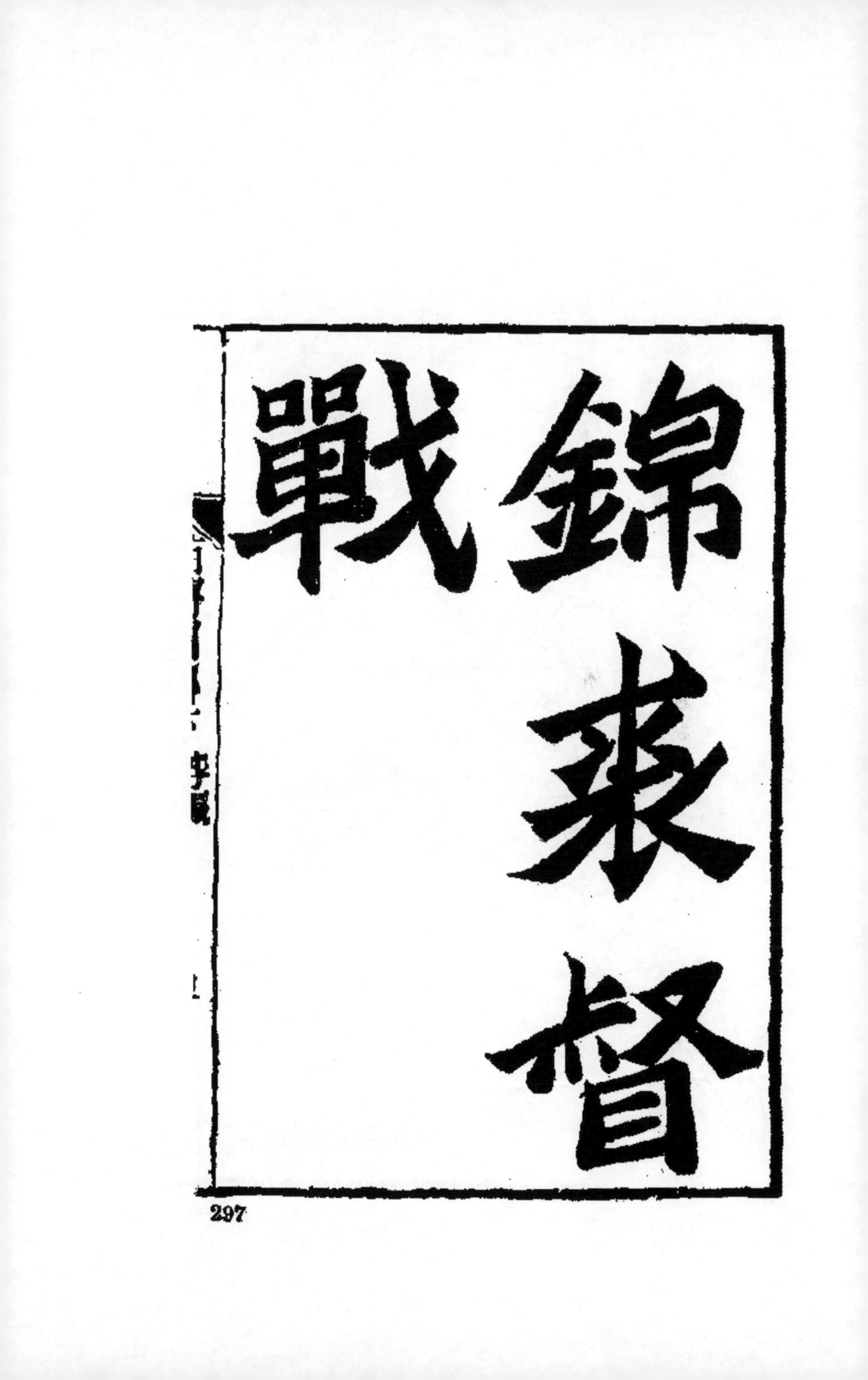

錦裘督
戰

李晟　唐

李晟洮州臨潭人年十八事河西王忠嗣從擊吐蕃悍酋乘城殺傷士卒甚衆忠嗣怒募善射者晟挾一矢殪之三軍讙奮忠嗣撫其背曰萬人敵也大歷初吐蕃寇靈州李抱玉表晟爲右將軍授以兵五千擊之晟辭曰以衆則不足以謀則多乃請千人由大震關趨臨洮屠定泰堡執其帥慕容谷鍾敵乃解

李懷光方軍咸陽不欲晟當一面請與晟合有詔徙屯與懷光聯壘晟每與賊戰必錦裘繡帽自表指顧陣前懷光望見異之戒曰將務持重豈宜自表爲賊餌哉晟曰昔在涇原士頗畏伏欲令見之奪其心耳

朱泚反帝欲西幸晟請駐梁漢以繫天下望選士得姚令言崔宣諜者晟命釋縛飯飲之遣還敕曰爲我謝令言等善爲賊守勿不忠於泚引兵叩都門明日會諸將圖所向衆對先拔外城然後淸宮晟曰外城有里閈之隘若設伏格戰居人囂潰非計也賊重兵精甲皆在苑中今直擊之是披其心腹將圖走不暇諸將曰善乃自東渭橋進薄都城賊將張庭芝等求戰晟曰賊不出是吾憂也今冒死來是天誘之矣遂勒兵急擊大破之泚率殘卒萬人西走餘黨悉降

隸韓謁道

李愬　唐

李愬字允直晟之子有籌略善騎射憲宗討吳元濟命愬爲唐鄧節度使愬以軍初傷夷士氣未完乃不爲斥堠部伍或有言者愬曰吾不使賊睘而備乃令於軍曰天子知愬能忍故委以撫養戰非吾事也衆信而安之蔡人以愬非夙所畏遂易之愬務推誠待士賊來降輒爇其便或父母與孤未葬者給衣帛遣還且勞之曰爾亦王人也無棄親戚衆願爲愬死故山川險易與賊情僞一一皆曉之居半載知士可用乃請濟師詔益河中鄜坊二千騎於是繕鎧厲兵攻馬鞍山下之進軍青陵擒驍將丁士良異其才不殺表爲捉生將士良謝曰吳

秀琳以數千兵不可破者以陳克洽爲之謀也我能爲公取之乃擒以獻吳秀琳降愬單騎抵柵下與語親釋縛表以爲將秀琳與愬策曰必欲破賊非李祐無與成功祐賊之健將也守興橋柵其戰嘗輕易官軍愬諜祐護穫於野因遣史用誠以壯騎三百伏其傍乃見羸卒若將燔聚者祐果輕出用誠擒而還諸將素苦祐請殺之愬不聽以爲客待間召祐及李忠義屏人語至夜分忠義亦賊將軍中多諫此二人不可近會雨自五月至七月不止軍中以爲不殺祐之罰將吏譁然愬力難獨完則械而送之朝表言必殺祐無與共誅蔡者詔釋以還愬愬乃令佩刀以出入帳中表爲六院兵馬使六院

者脩唐兵也凡三千人皆山南奇材銳士祐捧檄嗚咽諸將乃不敢言始定襲蔡之謀李光顏戰數勝元濟悉銳卒屯洄曲以抗光顏愬知其隙可乘乃遣從事鄭澥見裴度告師期師夜起祐爲前鋒李忠義副之愬率中軍繼進會大雪凜風裂膚士抱戈凍死於道十二三始發吏請所向愬曰入蔡州取吳元濟皆失色監軍使者泣曰果落祐計然業從愬人人不敢自爲計愬分輕兵斷橋以絕洄曲道又以兵絕郎山道行七十里夜半至懸瓠城雪甚城旁皆鵝鶩池愬令擊之以亂軍聲賊晏然無知者祐等坎墉先登殺門者開關留持柝傳夜自如黎明雪止愬入駐元濟外宅元濟請罪檻送京師乃

屯兵鞠場以俟裴度至愬以櫜鞬見度將避之愬曰此方變上下分久矣請因示之度以宰相禮受愬謁蔡人聳觀

穴城出擊

石雄 唐

石雄徐州牙校也勇敢善戰氣凌三軍會昌三年迴鶻大掠雲朔北邊牙於五原劉沔以太原之師屯於雲州國家以公主之故不欲急攻雄受沔教自選勁騎得沙陁李國昌三部落兼雜虜三千騎月暗夜發馬邑徑取烏介之牙時虜帳逼振武雄既入城登堞見氈車數十從者皆衣朱碧類華人服飾雄令諜者訊之知為公主帳雄乃大率城內牛馬雜畜及大鼓夜穴城為十餘門遲明城上立旗幟炬火燭天鼓譟動地可汗惶駭莫測率騎而奔雄率勁騎追至殺於山急擊之斬首萬級生擒五千羊馬車帳皆委之而去遂迎公主還太原

雄沈勇徇義臨財廉每破賊立功朝廷特有賜與皆不入私室置於軍門首取一分餘並分給以此軍士感義皆知奮發

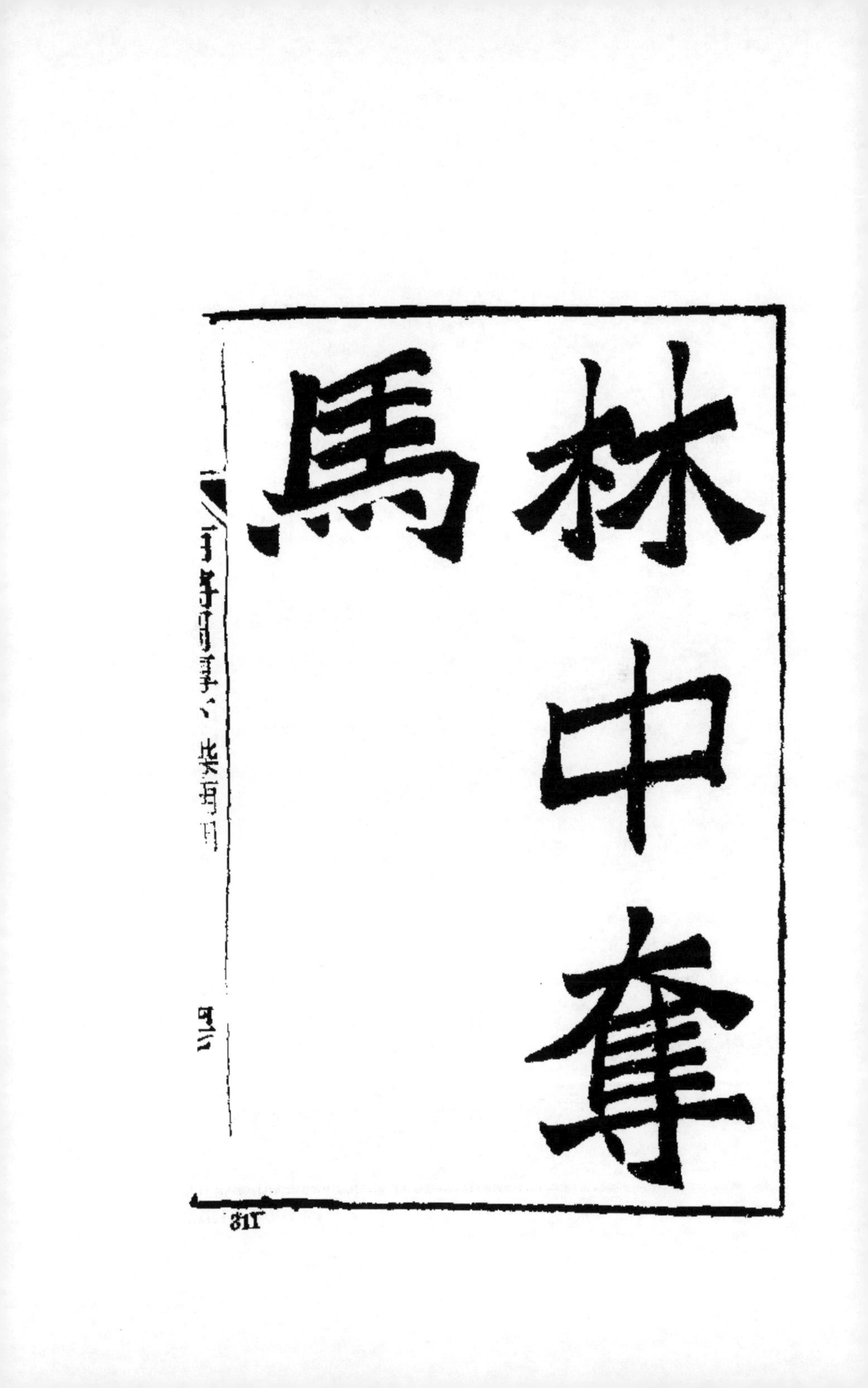

林中奪馬

柴再用五代

柴再用蔡州汝南人性至孝七歲遇龐勛亂舉族避地祖詷鼓不能去惟再用獨留侍賊見而去之及長沈毅有斷面黑如鐵人號爲柴黑子會秦宗權召募驍勇再用以騎射應選時軍令亡馬者斬一日戰回藉韁而臥寢旣寤而馬逸再用追之遇賊於林中環樹而射一發人樹俱貫遂奪馬而歸

楊渥襲位授淮南左廂步軍都指揮使越人寇東洲遣再用率兵禦之賜長矟伍拾戰敗艦破水滿再用爲長矟所汎得不溺家人聞敗飯千僧爲禱再用戰歸取其飯召麾下以犒之曰此輩濟我佛何力之有

十一年袁州劉崇景叛引潭將許眞爲援令再用攻之近城有萬勝岡再用欲奪之每旦出師岡下不與戰袁人頗怠一日列大陣岡南崇景望之氣奪因出戰再用躍馬徑入陣中斬首數十袁人大敗崇景棄城而遁累遷德勝軍節度使加中書令太和七年卒年七十二再用寛厚淹雅有儒者之風好讀左氏春秋史官王振請述戰功以補方册再用曰鷹犬之效出自偶然何足紀也累歷藩鎭敦尚儉素車馬導從不過十人亦一時之良將也

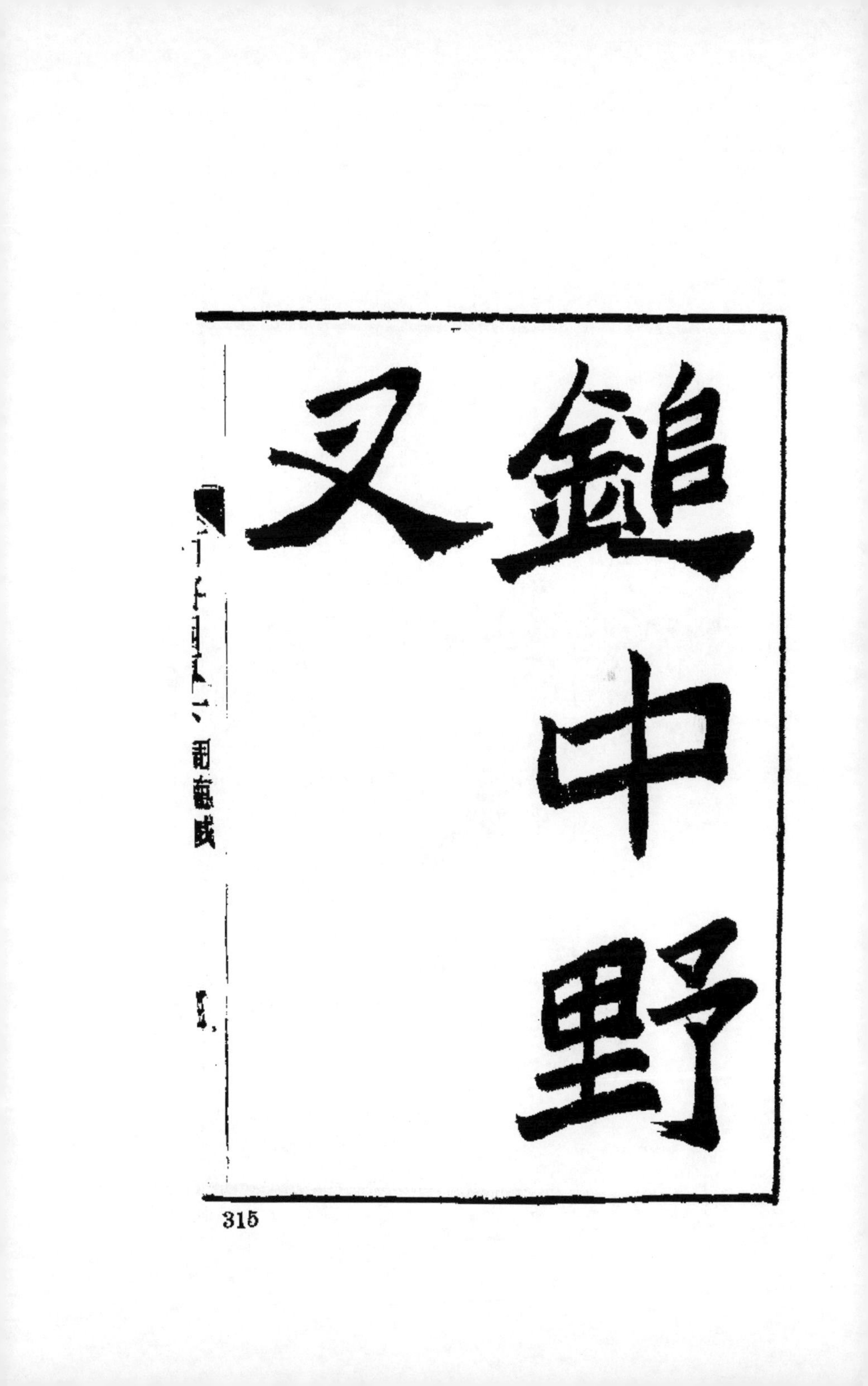

鎚中野
又

周德威 五代

周德威字鎭遠朔州馬邑人勇而多智能望塵知敵情。事晉爲招討使小字陽五勇聞天下梁軍圍晉太原令軍中曰能生得周陽五者爲刺史有驍將陳章者號陳野乂常乘白馬披朱甲以自異出入陣中求周陽五欲生致之晉王戒德威曰陳野乂欲得汝以求刺史宜善備之德威笑曰陳章好大言耳安知刺史非臣作耶因戒其部兵曰見白馬朱甲者當佯走以避之兩軍皆陣德威微服雜卒伍中章出挑戰兵始交德威部下見白馬朱甲者因退走章果奮矟急追之德威伺章已過揮鐵鎚擊之中章墮馬遂生擒之天祐中梁遣王景仁將兵擊趙趙人告急莊宗自將出贊皇會德威於石橋進距柏鄉時梁兵精銳人馬鎧甲飾以組繡金銀其光耀日晉軍望之色動德威勉之曰此汴宋傭販兒徒飾於外其中不足懼也其一甲直數十千擒之適足爲吾資無徒望而愛之當勉而往取之退告莊宗曰梁軍甚銳未可與爭宜少退以待之莊宗曰吾提孤軍出千里利速戰今不乘勢急擊之使敵知吾之衆寡則吾無所施也德威曰不然趙人能守城而不能野戰吾之騎利於平州廣野今軍河上追賊營門非用長之地使梁得舟楫渡河吾無類矣不如退軍鄗邑誘敵出營擾而勞之可以勝也監軍張承業亦以德

威之言為是適援梁游兵言景仁治舟數百將為浮梁莊宗乃笑而從之退軍鄗邑德威進兵叩梁營挑戰景仁悉兵與德威轉戰於鄗南兩軍皆陣莊宗望而喜曰平原淺草可前可郤眞吾之勝地即欲進兵德威諫曰梁兵輕出而遠來與晉轉戰必不暇齎糗縱其能齎亦不暇食不及日午人馬皆飢因其將退而擊之未有不勝者諸將皆以為然至未申時梁軍塵起德威鼓譟而進麾其軍曰梁軍走矣梁軍既動不可復整乃皆走遂大敗之自鄗退至柏鄉橫屍數十里景仁僅以身免

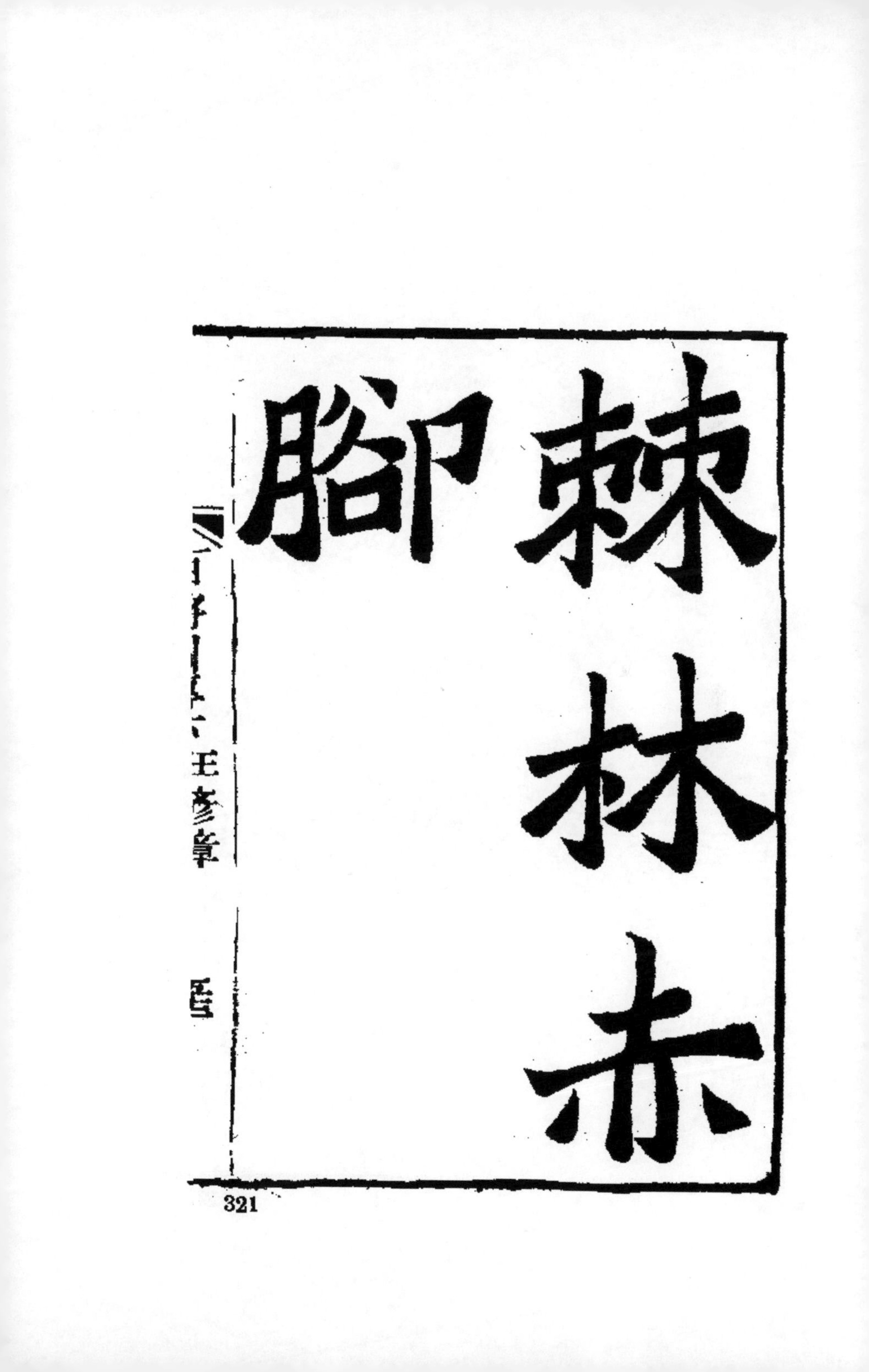

棘林赤

腳

王彥章 五代

王彥章字子明鄆州壽昌縣人也從太祖征討所至有功常持鐵槍衝堅陷陣人號王鐵槍梁自失魏博與晉夾河而軍晉已盡有河北乃以鐵鎖斷德勝口築河南北爲兩城號夾寨梁人大恐宰相敬翔見末帝曰事急矣非王彥章不可帝乃召彥章爲招討使帝問破敵之期彥章以三日對左右皆失笑彥章出兩日馳至滑州置酒大會陰使人具舟於楊村命甲士六百人皆持巨斧載冶者具鞴炭乘流而下彥章會飲酒半佯起更衣遂引精兵數千沿河以趨德勝舟兵舉鎖燒斷之因以巨斧斬斷浮橋彥章引兵擊南城破之適三日焉時晉

莊宗在魏以朱守殷守夾寨聞彥章爲招討驚曰彥章驍勇吾嘗避其鋒非守殷敵也然彥章兵少利於速戰必急攻我南城卽馳騎救之行二十里得報曰彥章兵已至比至而南城破矣彥章之應募也同時有數百人而彥章嘗求爲長衆怒曰彥章何人一旦自草野中出便欲居我輩上是不自量之甚也彥章聞之乃對主將指數百人曰我天與壯氣自度汝等不及故求作長耳汝等咄咄得非勝負將分之際耶且大凡健兒開口便言死死則未暇且共汝輩赤脚入棘針地走三五遭汝等能乎初以爲戲而彥章果然衆皆失色無敢效之者太祖聞之以爲神人遽擢用之彥章嘗謂人曰李亞子

鬬雞小兒何足畏後以傷重馬踣爲晉將夏魯奇所擒莊宗見彥章謂之曰爾常以孺子待我今日服未又曰我素聞爾善將何不保守兗州此邑素無城壘何以自固彥章對曰大事已去非我智力所及莊宗惻然親賜藥以封其創欲全活之令中使慰諭彥章謝曰豹死留皮人死留名臣與陛下血戰十餘年今兵敗力窮不死何待豈有爲臣爲將朝事梁而暮事晉乎得死幸矣遂遇害年六十一

焚香禁殺

曹彬 宋

曹彬字國華眞定靈壽人也宋乾德二年冬詔伐蜀以劉光毅爲前軍彬爲都監峽中郡縣悉下諸將咸欲屠城以逞其欲彬獨申令戢下所至悅服上聞降詔襃之全斌等晝夜宴飲不恤軍士諸將多取子女玉帛彬橐中圖書衣衾而已及還上盡得其狀以全斌等屬吏詔彬淸介廉謹授宣徽南院使義成軍節度使

開寶七年將伐江南彬奉詔先赴荆南發戰艦由荆南順流而東破峽口砦進克池州連克當塗蕪湖二縣駐軍采石磯十一月作浮橋跨大江以濟師八年二月師進次秦淮江南水陸十餘萬陣於城下吳人出兵來禦

破之自三月至八月又連破之樵採路絕城垂克彬忽稱疾不視事諸將皆來問疾彬曰予之疾非藥石所能愈惟須諸公誓以仁克城之日不妄殺一人則自愈矣諸將許諾共焚香爲誓明日卽愈又明日城陷李煜面縛就彬請命彬謂之曰國主可歸宮厚有裝齎以備歸朝煜深德之諸將爭言不可盡懼其或自引決爾彬徐曰無畏彼若能死則豈復忍恥以見吾輩耶果如其言衆皆服其識量

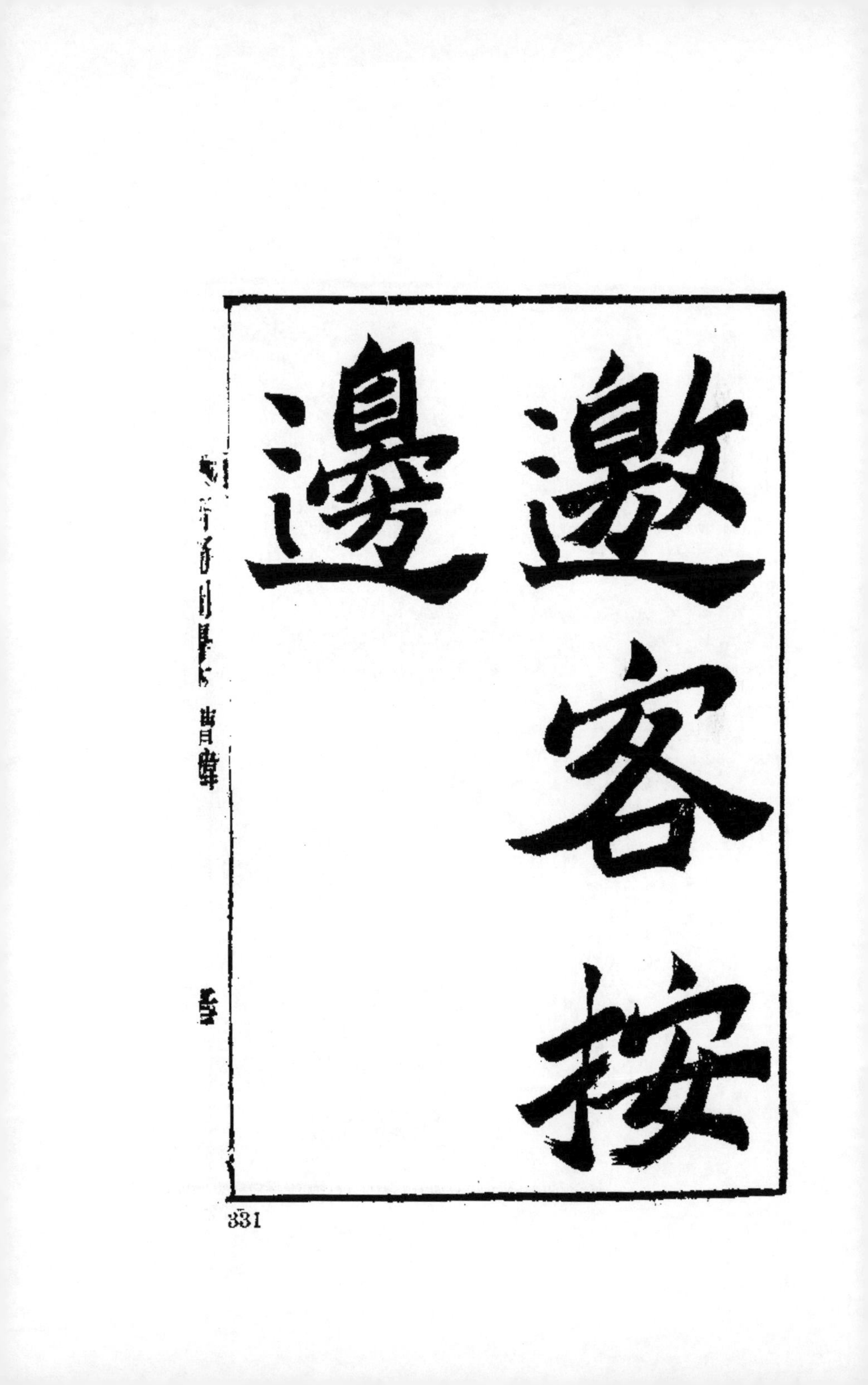

邀客按
邊

曹瑋 宋

曹瑋字寶臣彬之少子也知渭州時年十九嘗出戰小捷敵引去瑋偵相去已遠乃緩驅所掠牛馬輜重而還敵聞瑋逐利行遲師又不整遽還兵來襲將至瑋使諭之曰軍遠來必甚疲我不乘人之急請休憩士馬少選決戰敵方甚疲皆欣然解嚴歇良久瑋又使諭之歇定可相馳矣於是鼓軍而進大破之因謂其下曰吾知敵疲故為貪利以誘之比其復來幾行百里矣若乘銳以戰猶有勝負遠行之人小憩則足痺不能立吾以此取之渭州有告戍卒叛入夏國者瑋方對客奕棋遽曰吾使之行也夏人即斬叛者投其首於境上瑋所募弓箭

手使馳射較强弱勝者與田二頃令獲課後市一馬馬必勝甲然後官籍之加田五十畝至三百人以上則團爲一指揮要害處爲築堡使自塹其地爲方田環之立馬社一馬死衆出錢市馬降者既多因制屬羌百帳以上其首領爲本族軍主次爲指揮使又次爲副指揮使不及百帳爲本族指揮使其蕃落將士止於本軍敘進以其習知羌情與地利不可徙他軍也山東知名士賈同造瑋瑋欲按邊邀與俱同問從兵安在曰已具既出就騎見甲士三千環列初不聞人馬聲

微服度關

壱

狄青 宋

狄青字漢臣汾州西河人善騎射趙元昊反詔擇衛士從邊時偏將屢敗士卒畏怯惟青願行大小二十五戰中流矢者八破金湯城略宥州屠㖡咩歲等族燔積聚數萬收其帳二千三百又城蕎子谷築大郎等堡皆扼賊要害嘗戰安遠被創甚聞寇至即挺起馳赴臨敵披髮帶銅面具出入賊中皆披靡

尹洙爲經略判官與青談兵善之薦於經略韓琦范仲淹曰將材也仲淹以左氏春秋授之曰將不知古今匹夫勇耳青折節讀書由是益知名青奮起行伍十餘年而貴是時面涅猶存帝嘗敕青傅藥除字青指其面曰

陛下以功擢臣不問門第臣所以有今日由此湟耳臣願留此以勸軍中不敢奉詔

青之征儂智高也自過桂林卽以辨色時先鋒行先鋒既行青乃出帳受衙罷命諸將坐飲酒一巵小餐然後中軍行率以爲常及頓軍崑崙關下翊日將度關辰起諸將張立甚久而青尚未坐日高親吏疑之遽入帳失青所在諸將相顧驚怛俄有軍候至曰宣徽傳語諸官請過關喫食方知青已微服同先鋒度關矣

注水冰城

楊延昭 宋

楊延昭業之子也以業蔭補供奉官業之死太宗憫之擢延昭崇儀副使咸平二年契丹入寇延昭在遂城城小無備虜攻之甚急衆心危懼延昭集城下丁壯護守偶大寒命汲水注城外及旦悉爲冰堅滑不可近虜遂解去拜莫州刺史契丹復寇邊延昭伏銳兵於羊山之西自北擊之且戰且止伏發虜敗獲其名王函首以獻進團練使卒年五十七延昭智勇善戰沉嘿寡言平居未嘗問及家事所得奉賜均遺士卒奉己簡易出入騎從如軍校法號令嚴明同士卒甘苦寒不披衣暑不張蓋遇敵必身先功成推其下故人樂爲之用威振異域。

守邊二十餘年。虜人畏之。呼爲六郎。其卒也河朔之人皆望柩殞泣。

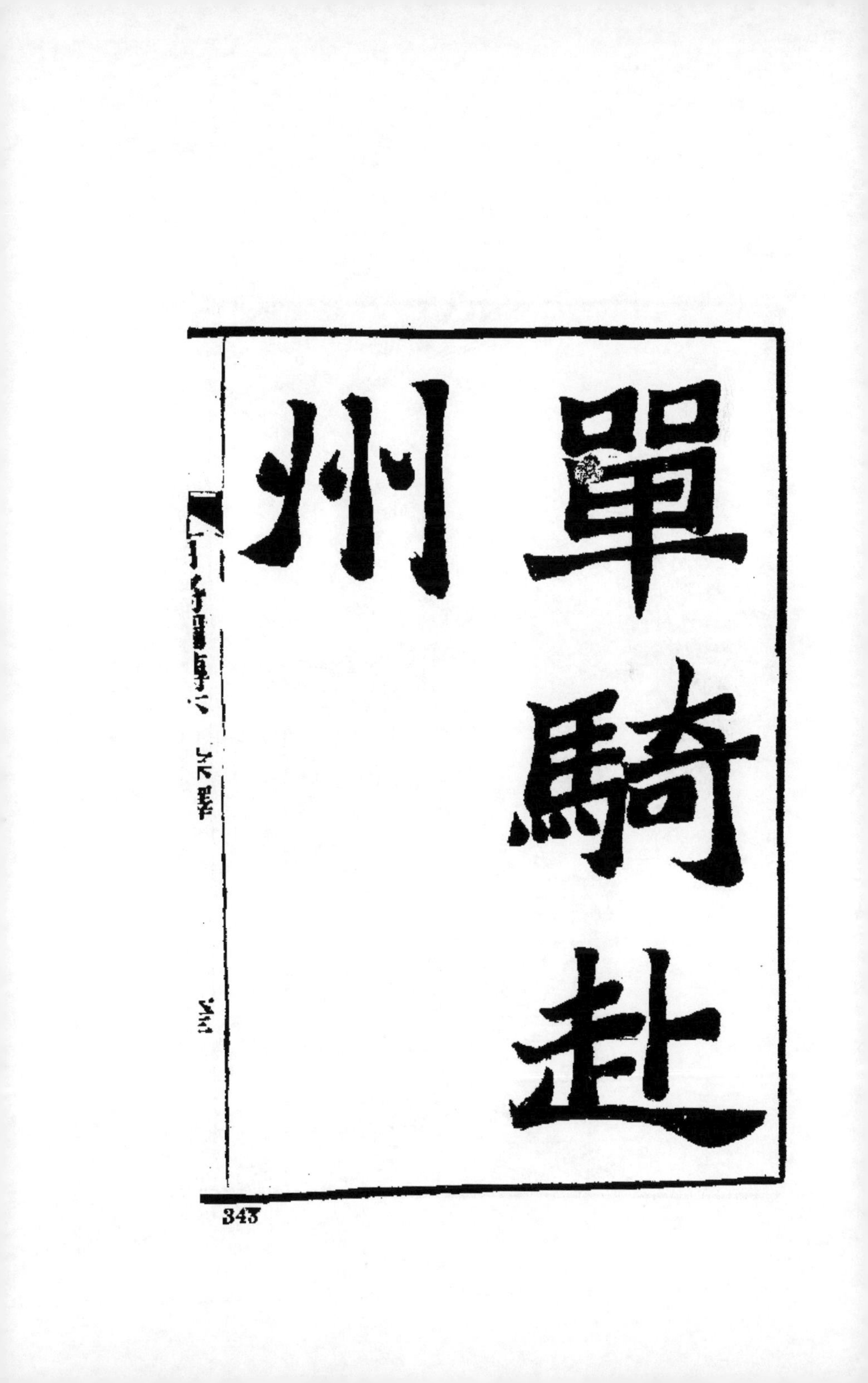

單騎赴

州

宗澤 宋

宗澤字汝霖婺州義烏人也幼有大志登進士第靖康元年陳過庭薦澤充和議使上不遣命知磁州時太原失守官兩河者率托故不行澤曰食祿而避難不可也卽日單騎就道至磁州繕城壁浚隍池治器械募義勇始爲固守不移之計金人遣數千騎叩磁州城澤擐甲登城令壯士以神臂弓射走之開門縱擊斬首數百級所獲羊馬金帛悉以賞軍士

二年正月澤至開德十三戰皆捷澤兵進至衞南度將孤兵寡不深入不能成功先驅曰前有敵營澤揮衆直前與戰又敗之轉戰而東敵益生兵至王孝忠戰死前

後皆敵壘澤下令曰今日進退皆死不可不從死中求生士卒知必死無不一當百斬首數千級金人大敗退却數十里澤計敵十倍於我今一戰而却勢必復來使悉其鐵騎夜襲吾軍則危矣乃暮徙其軍金人夜至得空營大驚自是憚澤不敢復出兵

金兀朮渡河謀攻汴京諸將請先斷河梁嚴兵自固澤笑曰去冬金騎直來正坐斷河梁耳乃命部將劉衍趨滑劉達趨鄭以分敵勢戒諸將極力保護河梁以俟大兵之集金人聞之夜斷河梁遁去澤屢敗金人威聲日著北方聞其名常尊憚之對南人言必曰宗爺爺

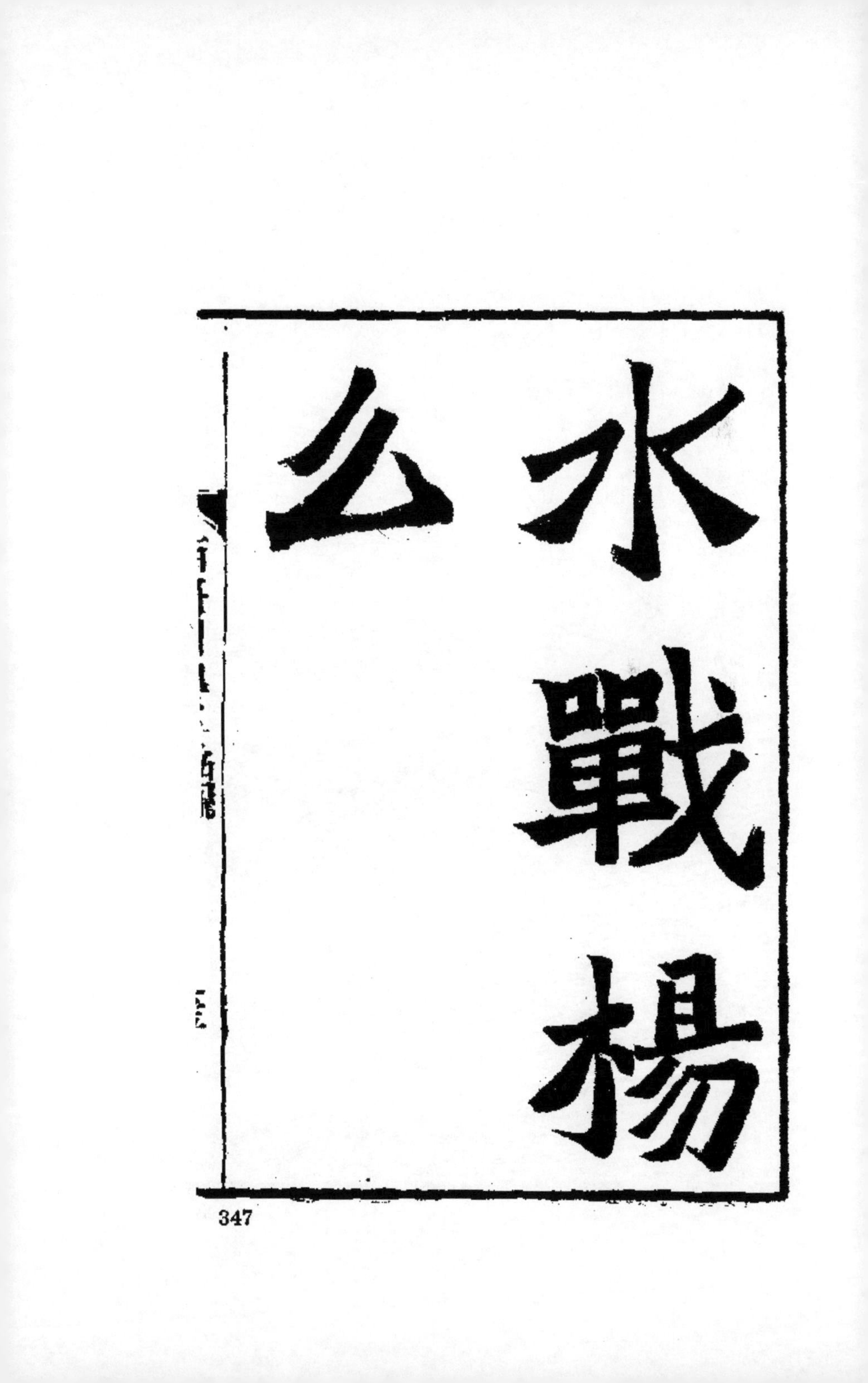

水戰楊公

岳飛 宋

岳飛字鵬舉相州湯陰人也少負氣節家貧力學尤好左氏春秋孫吳兵法生有神力未冠挽弓三百斤弩八石學射於周同盡其術能左右射眞定宣撫劉韐募敢死士飛應募時相有劇賊陶俊賈進和飛請百騎滅之先遣卒僞爲商人入賊境賊掠以充部伍飛遣百人伏山下自領數十騎逼賊壘賊出戰飛佯北賊來追之伏兵起先所遣卒擒俊及進和以歸

洞庭湖賊楊么負固不服高宗命飛招捕之飛先遣使曉諭之賊黨黃佐降佐因襲周倫砦殺倫擒其統制陳貴等又招楊欽來降飛復入湖夜掩賊營么方浮舟湖

中以輪激水其行如飛旁置撞竿官舟迎之輒碎飛伐君山木爲巨筏塞諸溝汊以腐木亂草浮上流而下擇水淺處遣善罵者挑之且行且罵賊怒來追則草木壅積舟輪礙難行飛亟遣兵擊之賊奔港中爲筏所拒官軍乘筏張牛皮以蔽矢石舉巨木撞其舟舟盡壞么投水中牛臯擒斬之初賊恃其險曰欲犯我者除是飛來至是人以是言爲讖

金人攻亳高宗命飛馳援飛先遣諸將分道出援自以輕騎駐郾城兵勢甚銳兀朮大懼合龍虎大王蓋天大王與韓常之兵逼郾城飛遣其子雲領騎兵直貫其陣雲鏖戰數十合賊屍布野初兀朮有勁軍皆重鎧貫以

韋索三人爲聯號拐子馬官軍不能當是役也以萬五千騎來飛戒步卒以麻札刀入陣勿仰視第斫馬足拐子馬相連一馬仆二馬不能行官軍奮擊遂大敗之飛至孝母死水漿不入口者累日帝嘗欲爲飛營第飛辭曰敵未滅何以家爲或問天下何時太平飛曰文臣不愛錢武臣不惜死天下太平矣

桴鼓助戰

韓世忠 宋

韓世忠字良臣延安人也鷙勇絕人年十八以勇敢應募金兀朮將入侵以世忠爲浙西制置使守鎮江既而兀朮分道渡江諸屯皆敗世忠自鎮江還保江陰兀朮自廣德破臨安帝如浙東世忠乃以前軍駐青龍鎮中軍駐江灣後軍駐海口欲俟敵歸邀擊之會上元節就秀州張燈高會忽引軍趨鎮江及金兵至則世忠軍已先屯焦山寺矣兀朮約日大戰戰將十合梁夫人親執桴鼓金兵軍江南終不得渡世忠與相持黃天蕩者四十八日又以海艘進泊金山下預以鐵綆貫大鉤授驍健者明日敵舟譟而前世忠分海舟爲兩道出其背每

縋一綆則曳一舟沉之兀朮窮蹙乃潛鑿渠三十里絕江遁去梁夫人者本京口娼也嘗五更入府伺候賀朔忽於廟柱下見一虎蹲臥鼻息齁齁然驚駭急走出不敢言已而人至者衆復往視之乃一卒也因蹴之起問其姓名爲世忠遂告其母約爲夫婦及黃天蕩之役兀朮遁去夫人疏劾世忠失機乞加罪責舉朝爲之動色其明智英偉如此

金人與劉豫合兵入侵世忠親提兵駐大儀當敵令軍中曰視吾鞭所向於是勒五陣設伏二十餘所約聞鼓即起擊金人引兵至江口別將撻孛也擁鐵騎過五陣東世忠傳小麾鳴鼓伏兵四起旗色與金人旗雜出金

軍亂我軍造進背嵬軍各持長斧上揕人胷下斫馬足敵被甲陷泥淖世忠麾勁騎四面蹂躪人馬俱斃遂擒撻孛也等二百餘人世忠復親追至淮金人驚潰相蹈藉溺死甚眾世忠在安化軍時至披草萊立軍府與士同力役夫人梁氏親織蒲爲屋將士有怯戰者世忠遺巾幗婦人粧以恥之故人人奮厲

二

任城血戰

楊存中 宋

楊存中代州崞縣人魁梧沈鷙少警敏日誦書數百言力能絕人善騎射學孫吳兵法語人曰大丈夫當立取功名不能俯首為腐儒也宣和末應募擊山東河北盜積功至忠翊郎勤王兵起存中以萬卒入援後隸張俊部曲俊薦之高宗召見賜以袍帶嘗以數騎入任城殺賊李昱數百人帝乘高望見介冑盡赤壯之亟呼酒曰酌此血漢累進神武中軍統制兼提舉宿衛親軍存中固辭言神武諸帥如韓張名望至重臣一旦位與之抗實不自安上不許

劉猊犯定遠縣存中引兵二千襲敗之越家坊既又遇

於藕塘賊據山列陣矢下如雨存中急擊之復引勁騎五千使統制吳錫突其陣自以精騎衝其脇大呼破賊陣亂賊錯愕駭視遂大敗猊以首抵謀主李愕曰適見鬚將軍銳不可當果楊殿前也從數騎遁去餘黨萬人僵立失措存中躍馬叱之皆怖而降所得賊舟車無算捷聞遣中使勞賜論功除保成軍節度使殿前都虞候尋兼領馬步帥奏祖宗置三衙鼎列相制今令臣獨總非故事也不允

兀朮圍濠州詔爲宣撫副使以殿司兵三萬戍淮與兀朮戰於柘皋敗之金人死者萬計錄功加檢校少保開府儀同三司尋拜少傅以保傅爲管軍自存中始罷爲

太傅醴泉觀使進封同安郡王孝宗立復起爲御營使
時議割和尙原以畀金人存中言此隴右要地敵得之
可以睥睨漢川我存之則可下兵秦雍曩時吳璘常力
爭之今臣不言非特負陛下亦媿於璘也
金人分攻淮甸詔同都督江淮事湯思退罷升都督陛
辭命坐賜玉鞍勒存中至集諸將調護之令更相應援
不宜獨守分地帝賜札褒之曰諸將協和互相策應卿
之功也金兵駐揚州或勸渡江進擊輒不應惟臨江固
壘以老之尋許請盟
乾道元年以太師致仕卒年六十五追封和王諡武恭
存中爲人忠孝敢勇大小二百餘戰身被五十餘創宿

衞出入四十餘年御軍寬而有紀所用將士專選才勇不私部曲嘗以克敵弓雖勁而蹶張最難以己意創馬皇弩思巧製工發易中遠人服其精

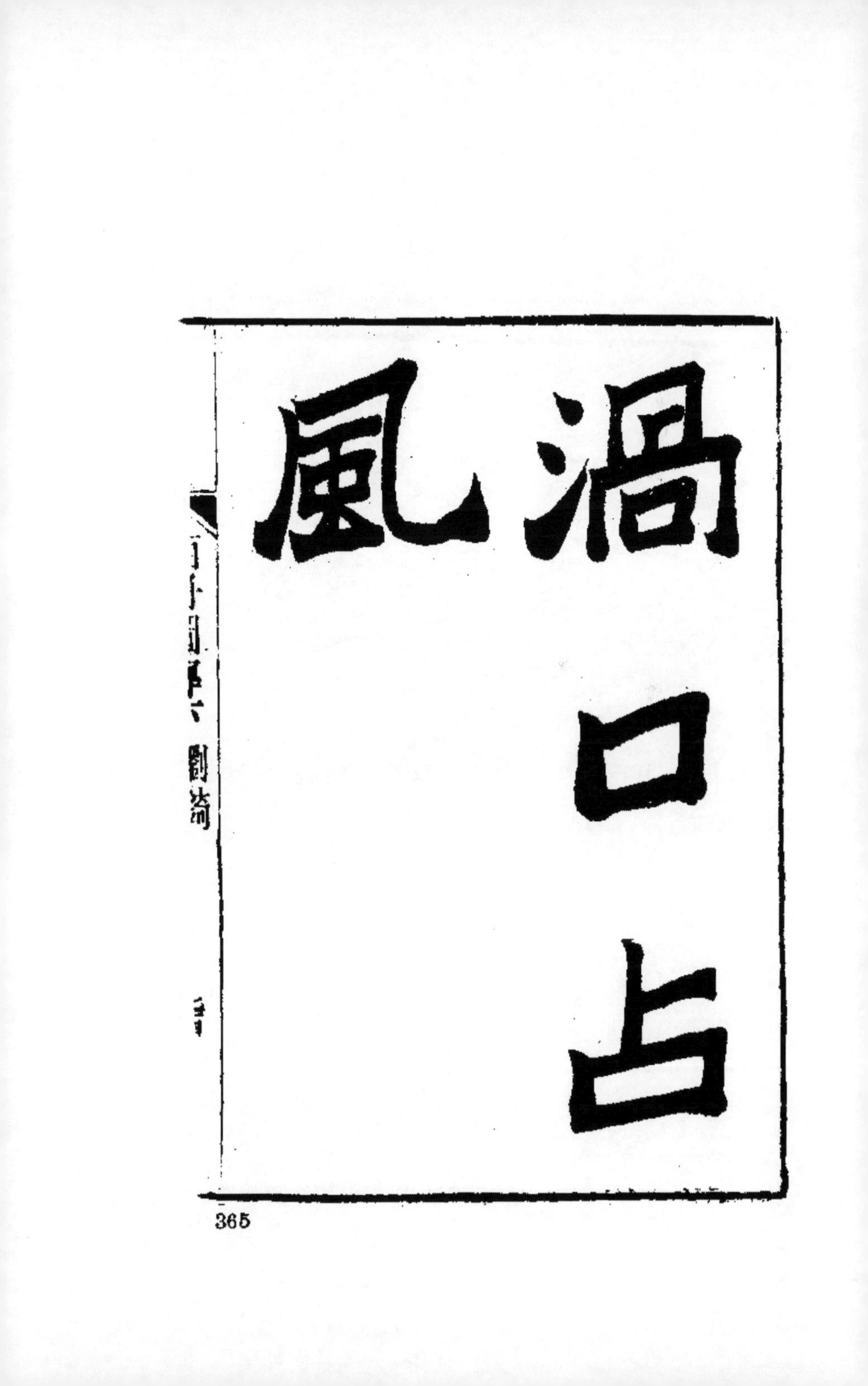

渦口占風

劉錡 宋

劉錡字信叔德順軍人節度使劉仲武第九子也善射嘗從仲武征討牙門水斛滿以箭射之拔箭水注隨以一矢窒之人服其精高宗召見奇之十年金人歸三京乃以錡充東京副留守自臨安至渦口方食忽暴風拔坐帳錡曰此賊兆也主暴兵卽下令兼程而進至順昌金人果敗盟來侵錡遂斂兵入城傳城築牛馬垣爲門因蔽門爲陣金人縱矢皆自垣端軼著於城或止中垣上錡用破敵弓翼以神臂强弩自城上或垣中射敵無不中敵稍却退十五里錡復募百人以往命折竹爲器如市兒吹以爲戲者人持一以爲號直犯金營是夕天

欲雨電光四起電所燭則奮擊電止匿不動敵衆大亂更吹器聲震敵人益不能測退軍老婆灣兀朮聞而自汴來錡因遣人毒潁上流及草中時天大暑敵遠來疲弊錡士氣閒暇敵人馬飢渴食水草者輒病往往困乏方晨清氣爽錡按兵不動逮未申間忽遣數百人出西門接戰俄以數千人出南門戒令勿喊以鋭斧犯之時兀朮以牙兵三千督戰兵皆重鎧甲號鐵浮圖戴鐵兜牟周匝綴長簷三人爲伍貫以韋索每進一步卽用拒馬擁之官軍乃以槍標去其兜牟大斧斷其臂碎其首敵又以鐵騎分左右翼號拐子馬皆爲錡所殺遂至大敗兀朮拏營還汴

十一年兀朮簽兩河兵再舉攻廬和二州錡自太平渡江據東關之險兩戰皆勝之行至柘皐與金人夾石梁河而陣河廣二丈錡命曳薪壘橋須臾而成遣甲士數隊踰橋臥槍而坐會楊沂中王德田師中張子盖之軍俱至是時兀朮以鐵騎十萬分爲兩隅夾道而陣王德薄其右隅引弓射一人斃之因大呼馳擊諸將鼓譟金人以拐子馬兩翼而進楊沂中復以萬兵各持長斧奮擊之敵望曰此順昌旗幟也乃大敗退去

黃柑遺獻

吳玠 宋

吳玠字晉卿隴干人也少知兵善騎射以良家子隸涇原軍以功拜明州觀察使保散關東和尚原金人會諸道十餘萬造浮梁跨渭自寶雞結連珠營壘石為城夾澗與官軍相拒十月攻和尚原玠命諸將選勁弓強弩分番迭射號駐隊矢連發不絕繁如雨注敵稍却則以騎兵旁擊絕其糧道度其困且走設伏以待金兵至伏發眾大亂縱兵夜擊大敗之兀朮中流矢僅以身免後金撒離喝自商於趨制洋漢興元守臣劉子羽急以驛書招玠入援玠遂自河池日夜馳三百里以黃柑遺敵曰大軍遠來聊用止渴撒離喝大驚以杖擊地曰爾

來何速耶。遂大戰饒風嶺。金人披重鎧登山仰攻。一人先登。二人擁後。先者既死。則後者代攻。玠軍弓弩亂發。大石摧壓。如是者六晝夜。死者山積。

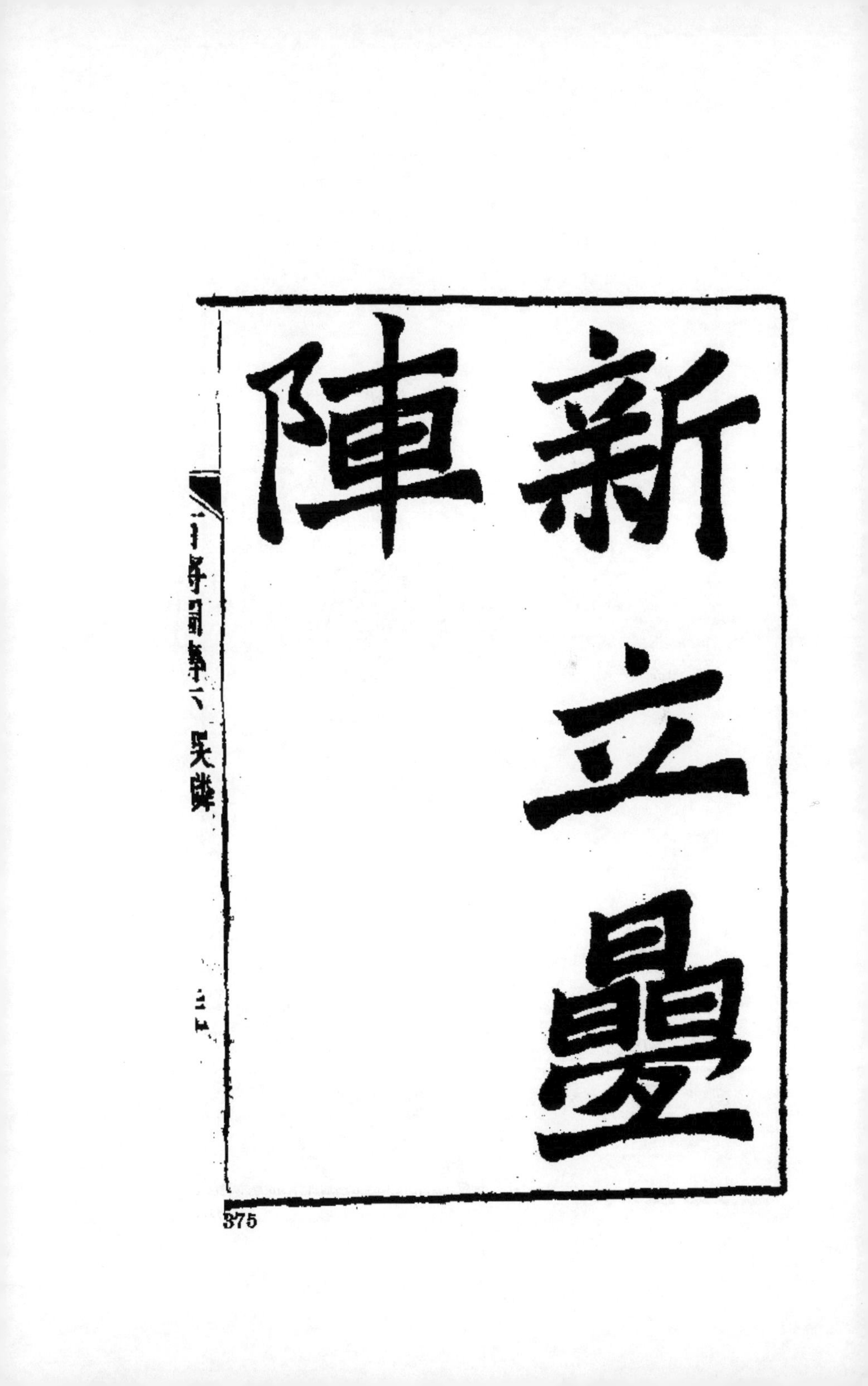

新立壘陣

吳璘 宋

吳璘字唐卿玠弟也紹興四年兀朮撒離喝以大兵十萬至仙人關下璘自武階路入援先以書抵玠謂殺金平地闊遠前陣散漫須後陣阻隘然後可以必勝玠從之急修第二隘璘冒圍轉戰會於仙人關敵果竭力攻第二隘諸將請別擇形勢以守璘奮曰兵方交而退是不戰而走也吾度此敵去不久矣諸君第忍之震鼓易幟血戰連日金人大敗自是數年不敢窺蜀

十一年金統軍胡盞與習不祝合兵五萬屯劉家圍璘請討之胡世將問策璘曰有新立疊陣法每戰以長槍居前坐不得起次最強弓次強弩跪膝以俟次神臂弓

約戰相搏至百步則神臂先發七十步强弩並發次陣如之凡陣以拒馬爲限鐵鉤相連俟其傷則更代之遇更代則以鼓爲節騎兩翼以蔽於前陣成而騎退謂之疊陣此古束伍令也車戰餘意無出於此戰士心定則能持滿敵雖銳不能當也乃與二酋戰大敗之

璘剛勇喜大節代兄爲將守蜀二十年隱然爲方面之重高宗嘗問勝敗之術璘曰弱者出戰强者繼之高宗曰此孫臏三駟之法一敗而二勝也卒贈太師追封信王

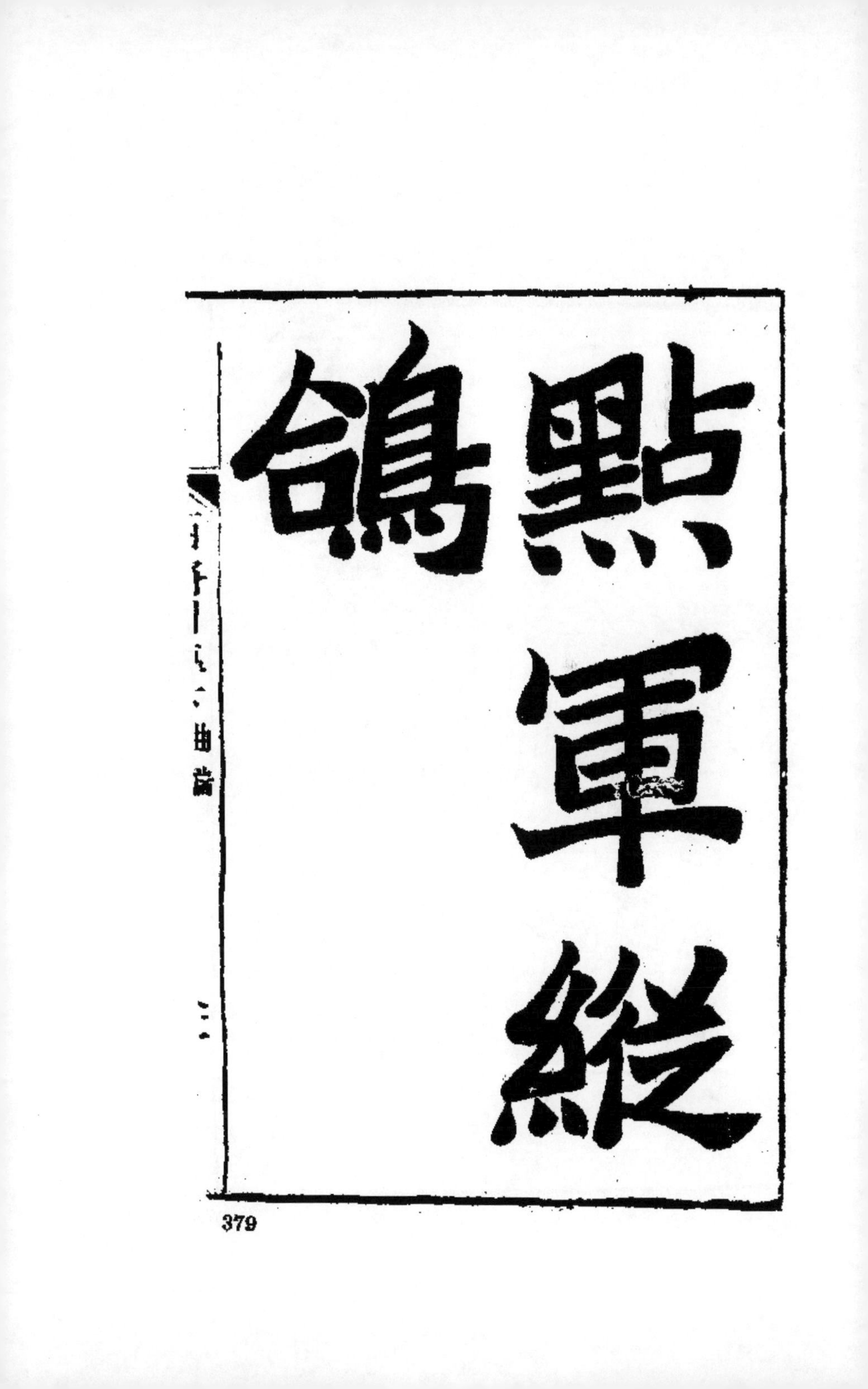

點軍縱
鴿

曲端 宋

曲端字正甫鎭戎人警敏知書長於兵略爲張浚部將浚按視端軍端執撾以軍禮見傍無一人浚異之謂欲點視端以所部五軍籍進公命點其一部乃於庭間開籠縱一鴿往而所點之軍齊至浚愕然旣而欲盡觀於是悉縱五鴿則五軍頃刻而集端與吳玠皆有重名陝人爲之語曰有文有武是曲大有謀有勇是吳大婁竇寇邠州日端屢戰皆捷至白店原撒離喝乘高望師懼而號泣金人目之爲啼哭郎君其爲敵所畏如此

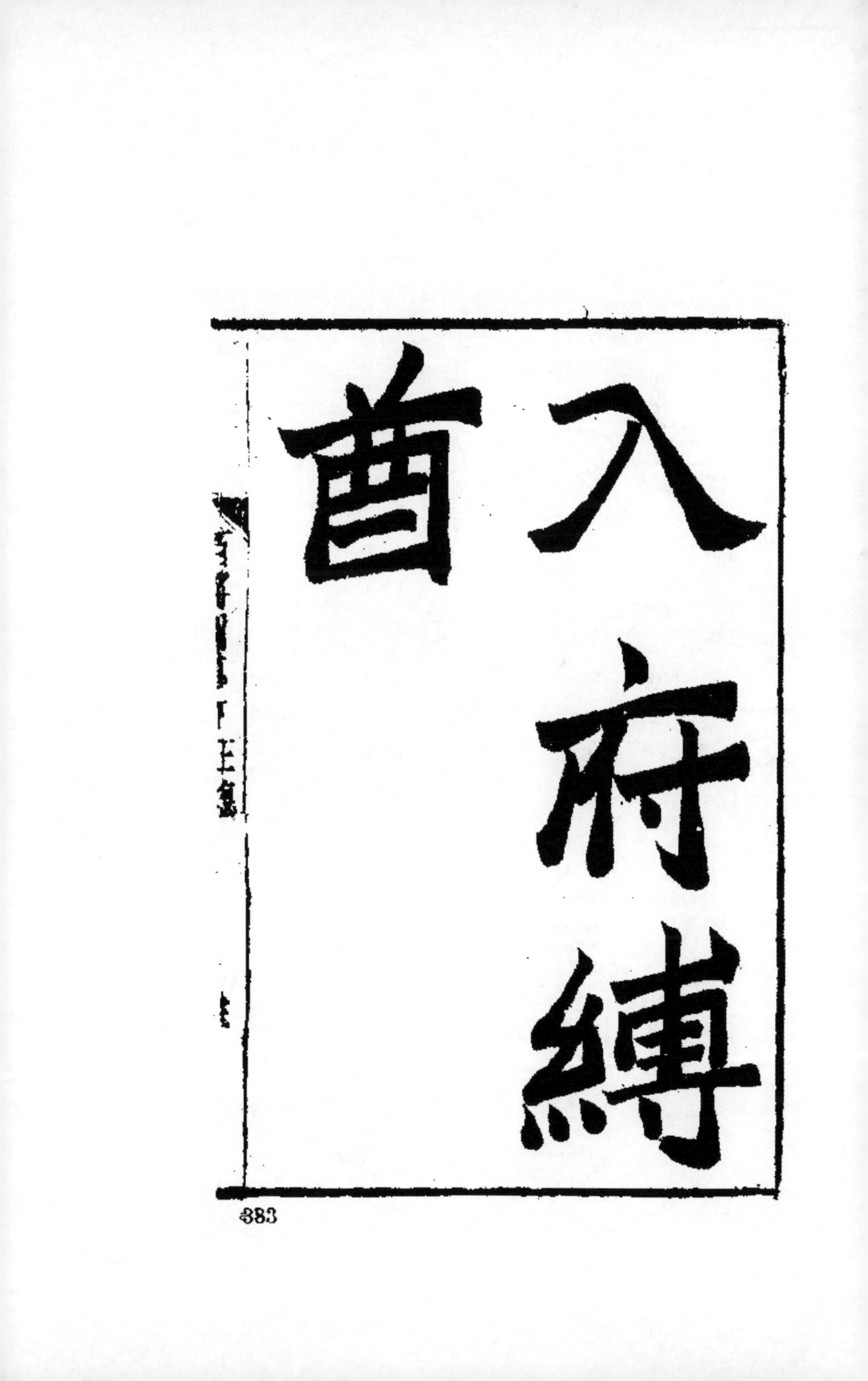

入府縛酋

王德　宋

王德字子華通遠軍熟羊寨人也以武勇應募隸熙帥姚古會金人入侵古軍懷澤關德諜之斬一酋而還古曰能復往乎德曰可遂從十六騎徑入隆德府治執僞守姚太師左右驚擾德手殺數十百人衆愕眙莫敢前德械姚獻於朝欽宗問狀姚曰臣就縛時止見一夜义耳時遂呼德爲王夜义

紹興元年秀州水賊邵青作亂德戰於崇明沙親執旗麾兵拔栅以入青軍大潰他日黨衆復索戰諜言將用火牛德笑曰是古法也可一不可再今不知變此成擒耳先命合軍持滿陣始交萬矢齊發牛皆反奔賊衆殲

焉青自縛請命德獻俘行在帝召見褒賞特異
金人自合肥入侵游騎及江張俊議分軍守南岸德曰
淮者江之蔽今棄淮不守是謂脣亡齒寒也敵數千里
遠來餉道決不繼及其未濟急擊之可以奪氣若遲遲
使少安則淮非吾有矣俊猶豫未決德請益堅曰願父
子先越江俟和州下然後宣撫北渡俊乃許德即渡采
石俊督軍繼之宿江中德曰明旦當會歷陽已而夜拔
和州晨迎俊入敵退保昭關又擊走之追至柘臯與金
人夾河而諸軍將帥俱集惟俊後至田師中欲待之德
怒曰事當機會復何待徑上馬兀朮以鐵騎十餘萬夾
道而陣德曰敵右陣堅我當先擊之麾軍渡橋首犯其

鋒一酋披甲躍馬始出德引弓一發而斃乘勝大呼合
萬兵持長斧如牆而進敵大敗退屯紫金山德復尾擊
之劉錡謂德曰昔聞公威略如神今果見之請以兄禮
事捷聞召拜清遠軍節度使紹興二十五年卒贈少傅
二子琪順亦以驍勇聞

建旗駭敵

畢將軍

畢再遇 宋

畢再遇臨安人淳熙間以勇名於軍精悍短小蓋驍將也開禧兵罷不支再遇奮於行伍年已六十披髮戴兜鍪鐵鬼面被金楮錢建旗曰畢將軍敵騎望其旗已相顧愕視再遇乘之出入陣中萬死莫敵蓋先是敵中有畢將軍廟甚靈異其形絕肖且登其號於旗敵兵以爲本國之神

酹酒止風

李寶 宋

李寶河北人嘗陷於金拔身從海道來歸授浙西路馬步副總管督海州捍禦領舟百二十艘兵三千皆閩浙弓箭手兵次江陰先遣其子公佐潛往伺敵動靜虛實即督舟啟行軍士爭言西北風力尙勁迎之非利寶下令敢阻大計者斬遂發蘇州大洋行三日風甚惡舟散不可收寶慨慷顧左右曰天以是試李寶心耶寶心如鐵石不變矣酹酒自誓風即止明日散舟復聚有報言公佐已挾魏勝得海州乃喜曰吾兒不負乃翁矣士氣百倍趣眾乘機進適大風復作海濤如山寶神色不爲動竟縱舟抵東海敵已雲合圍海州旌旗數十里寶麾

兵登岸以劍畫地令曰此非復吾境力戰與否在汝等
因握槊前行遇敵奮擊將士鼓勇無不一當十敵出不
意亟引去勝出城迎寶獎其忠義勉以共立功名勝感
泣乃維舟犒士遣辯士四出招納降附聲振山東捷聞
上喜曰朕獨用李寶果立功爲天下倡矣賜詔獎諭又
書忠勇李寶四字表其旗幟除靜海軍節度使賜金器
玉帶卒贈檢校少保

據關飲宴

魏勝 宋

魏勝字彥威淮揚軍宿遷人也多智勇善騎射應募爲弓箭手紹興三十一年金人將南侵議籍諸路民爲兵勝躍曰此其時也因聚義士三百北渡淮取漣水軍宣布朝廷德意不殺一人海州懷仁沭陽東海諸縣以次安定紀律嚴明益募忠義以圖收復遠近聞之響應會金人遣蒙恬鎮國以兵萬餘取海州勝率兵迎之設伏於隘以待賊至殊死戰後伏發賊遂大敗殺鎮國馘千人軍聲益振山東之民咸願來附沂民壁蒼山者數十萬金人圍之久不下砦首滕昹告急勝提兵往救陣於山下金人多伏兵勝兵遇伏皆赴砦金人襲之勝單騎

而殿以大刀奮擊金人望見勝知其爲將以五百騎圍之數重勝馳突四擊金陣開復闔戰移時身被數十槍冒刃出圍金人追之馬中矢踣步而入砦無敢當者既而金主使人說勝降勝叱之曰汝主叛盟失信無故興兵我朝以仁義之師來復舊疆汝主渡淮必敗爾等宜早來歸必獲厚賞時金兵已逼關勝登關門飲酒張樂犒軍士令固守勿戰金人度不可攻引軍渡河襲關後勝斂兵入城金兵有追之者勝獨乘馬逐叱之曰魏勝在此聞者皆辟易不復敢追一日黎明乘昏霧四面薄城急攻勝竭力捍禦矢石交下金兵不敢逼多死傷乃拔砦走勝善用大刀能左右射旗揭曰山東魏勝金人

望見輒退走嘗爲旗十數書其姓名密付諸將遇虜戰
則揭之金兵多奔避在軍恆如寇至未嘗一日懈弛又
自創如意戰車數百輛礟車數千輛車上爲獸面木牌
木槍數十垂氊幕插牌每車用二人推轂可蔽五十人
行則載輜重器甲止則爲營挂搭如城壘人馬不能近
遇敵又可以禦箭鏃列陣則如意車在外以旗蔽障弩
車當陣門其上置牀一矢能射數人發三矢可數百步
礟車在陣中施火石礟亦二百步兩陣相近則陣開發
弓弩箭礟近陣門則刀斧槍手突出交陣則出奇兵掩
擊得捷則拔陣追襲少却則入陣間稍憩士卒不疲進
退俱利伺便出擊慮有拒遏預爲解脫計夜習不使人

見。以其製上於朝。詔諸軍遵其式造焉。卒贈保甯軍節
度使謚忠壯。

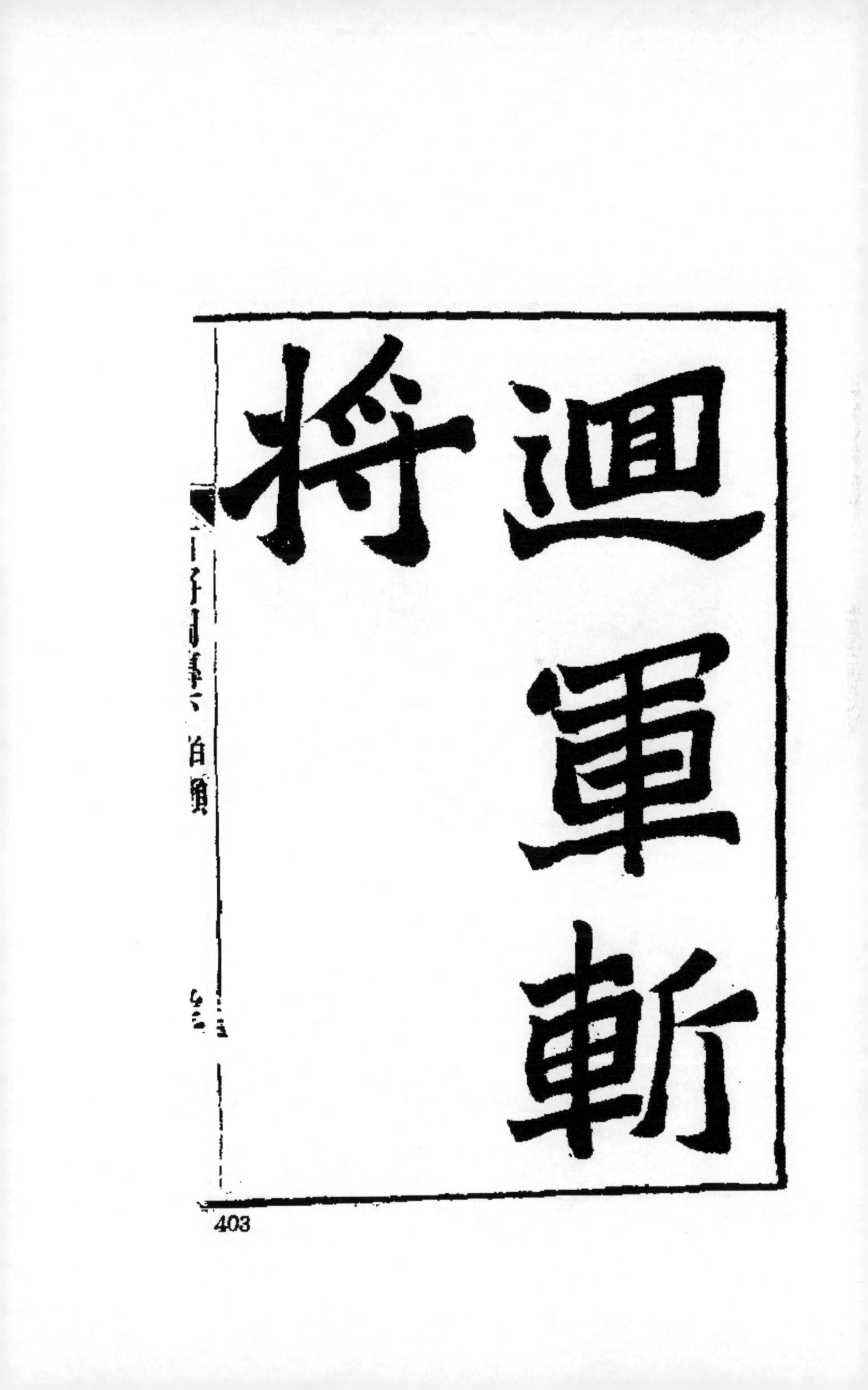

迴軍斬
將

伯顏 元

伯顏蒙古八鄰部人也至元十一年大舉伐宋以伯顏領河南等路行中書省所在並聽節制九月會師於襄陽分軍為三道並進伯顏由中道循漢江趨郢州遇霖雨水溢無舟不能涉伯顏曰吾且飛渡大江而憚此潢潦耶乃召一壯士騎而前導麾諸軍畢濟郢在漢水北以石為城宋人於漢水南新郢橫鐵繩鎖戰艦密樹椿木水中下流黃家灣堡亦設守禦之具堡之西有溝南通藤湖至江僅數里乃破竹席地盪舟由藤湖入漢江諸將請曰郢城我之喉襟不取恐為後患伯顏曰用兵緩急我則知之攻城下策也大軍之出豈為此一城遂

舍郢順流下伯顏殿後不滿百騎郢將趙文義范興以騎二千來襲伯顏未及介胄亟還軍迎擊之手殺文義擒范興殺之十二月軍自漢口開壩引船入淪河徑取沙蕪遂入大江諸將言沙蕪南岸戰船可取伯顏曰吾亦知之慮汝輩貪小功失大事一舉而渡江收其全功可也進軍陽羅堡攻之三日不克乃謀以鐵騎三千泛舟直趨上流爲擣虛之計遣右丞阿里海牙等留攻陽羅平章阿朮出不意率四翼軍泝流西上四十里對青山磯而泊是夜雪大作阿朮徑渡南岸伯顏揮諸將急攻破陽羅宋軍大潰軍至安慶宋賈似道督諸路軍十三萬號百萬以戰艦橫亘江中伯顏命左右翼騎兵夾

江而進。礮聲震百里。宋軍陣動。似道倉皇失措。遽鳴金收軍。軍潰。衆軍大呼曰。宋軍敗矣。阿朮麾軍並舟深入。伯顏命步騎左右掎之。追殺百五十餘里。遂定安慶

里門擧獅

史弼 元

史弼字君佐蠡州博野人通國語能挽強命中年十七耕牧田間午憩桑陰下父往饁遙睨有虺穴其口父大駭趨呼之寤問焉曰無所覺自是手力若有神助里門鑿石爲獅重四百斤弼舉之置數步外世祖名見試之射連發中的令給事左右授管軍總管命從劉整伐宋攻襄樊嘗出挑戰手橫刀大呼曰我史奉御也宋兵却退從伯顏南征攻沙洋堡飛矢中臂城拔凝血盈袖軍至陽羅堡伯顏誓衆曰先登南岸者爲上功弼率健卒直前宋兵逆戰奮呼擊走之伯顏登南岸論弼功第一鄂州平移軍而東駐瓜州伯顏授弼三千人使立木堡

據揚子橋宋將姜才以萬軍乘夜來攻人挾束薪塡塹弼戒軍中無譁俟其至發礮石擊之才乃退未幾才復以兵夜至弼三戰三勝天明見弼兵少急圍之騎士挾火槍迎刺弼揮兵禦之左右皆仆手刃數十人乃出圍追者尚數百騎弼殿後敵不敢近會援兵至才奔泰州揚州守將朱煥降弼凡三官揚州人刻石頌之號三至碑累遷平章政事加封鄂國公卒於家年八十六

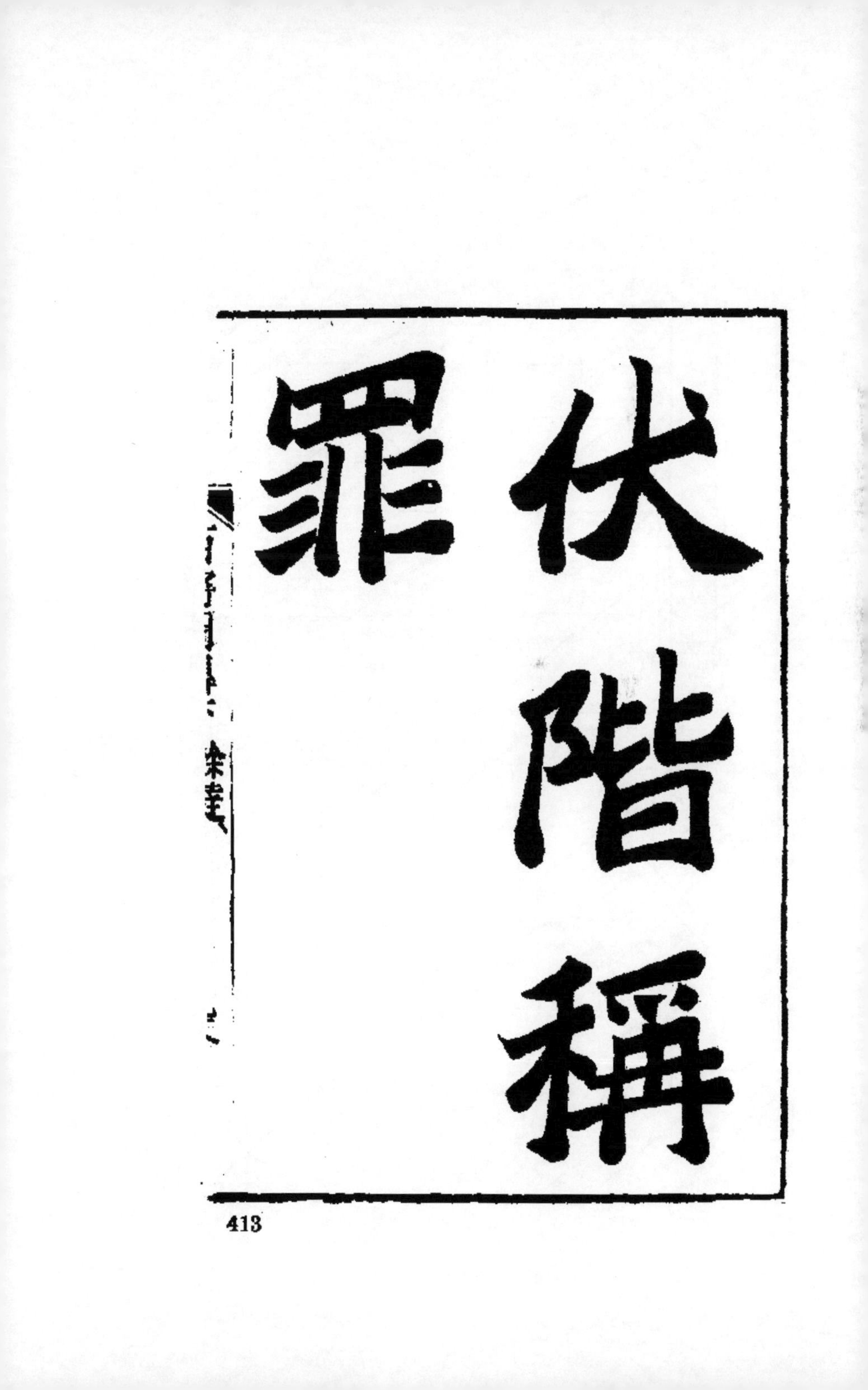

伏階稱
罪

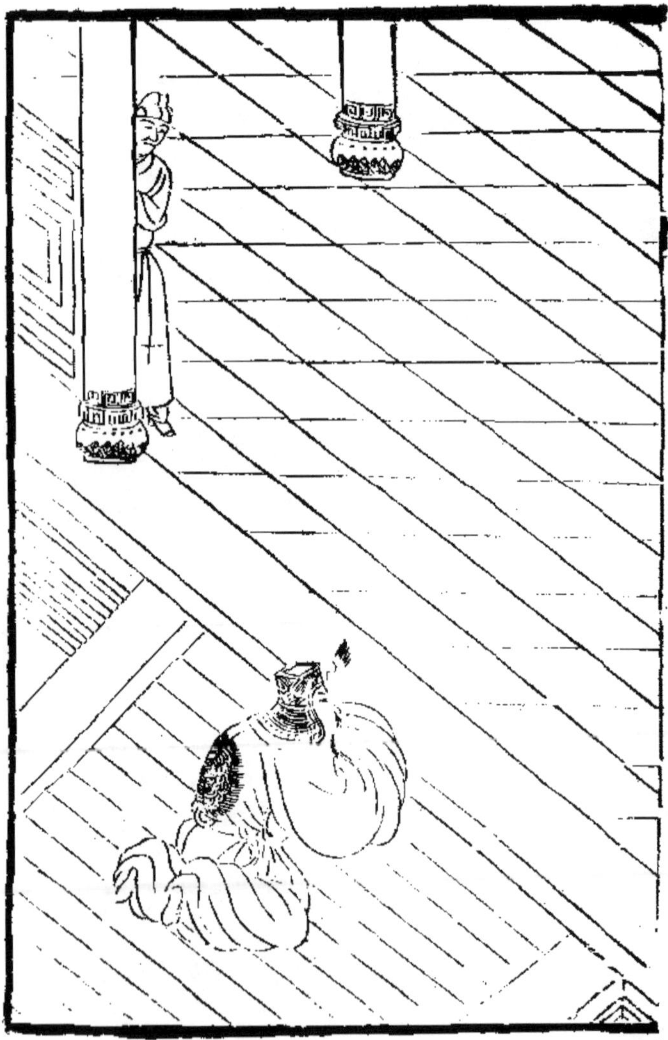

徐達 明

徐達字天德濠人世業農長身高顴剛毅英武至元末太祖議征吳右相國李善長請緩之達曰張氏汰而苛大將李伯昇輩徒擁子女玉帛易與耳用事者黃蔡葉三書生迂闊不知大計臣奉主上威德以大軍蹙之三吳可計日定太祖大悅拜達為大將軍率兵二十萬伐之由太湖直趨湖州一路戰勝遂進圍蘇城塞其六門時無錫莫天祐與張士誠為聲援其部將楊茂春善游水天祐遣之被達偵卒所獲達釋而勞之待以腹心茂春感動而往來游水彼此所遺之蠟丸書悉報之故達陰得士誠天祐之虛實知城中食盡督兵急攻或曰姑

蘇城蟹形齊門則其臍也城垂破令將士曰掠民財者死毀民居者死離營二十里者死既入城縛士誠送京師籍其兵得二十五萬吳人安堵如故師還封信國公帝嘗從容言徐兄功大未有居以吾舊邸居若達固辭一日與達之邸強飲之醉而蒙之被舁臥正寢醒而驚趨下階俯伏呼死罪帝覘之大悅乃命有司即舊邸前治甲第表其坊曰大功年五十四卒追封中山王謚武甯

趙登采
石

常遇春 明

常遇春字伯仁懷遠人貌奇偉勇力絕人猿臂善射初從劉聚為盜察聚終無成率所部壯士歸太祖於和陽未至困臥田間夢神人被甲擁盾呼曰起起主君來驚寤而太祖適至即迎拜請為先鋒太祖曰汝特饑來就食耳且有故主在吾安得汝留也遇春頓首泣曰劉聚盜耳無能為也倘得效犬馬之力雖死猶生太祖猶未許既渡江抵采石元兵置陣磯上其下巨舟相次距岸且三丈餘莫能登遇春飛舸至太祖麾之前敵接其戈乘勢躍而上大呼跳蕩元軍披靡諸將乘之遂拔采石乘勝取太平始授遇春總管府先鋒

帝與陳友諒戰於鄱陽湖帝舟適膠淺友諒驍將張定邊直犯帝舟帝危甚遇春從旁射定邊中之始引退而帝舟得脫破友諒歸飲至策勳以遇春爲首

遇春進圍姑蘇士誠欲突圍出至盤門奔遇春營遇春覺之分兵北濠以絕其兵後乃遣兵與戰良久未決遇春因撫王弼背曰汝以勇將名軍中能爲我取此賊乎弼卽揮雙刀馳鐵騎往擊之遇春亦率兵陳之敵大敗走吳平封鄂國公年四十卒追封開平王謚忠武

麾退女樂

李文忠 明

李文忠小字保兒盱眙人太祖姊子也年十二而母死父貞攜之轉側亂軍中瀕死者數矣久乃謁太祖於滁陽太祖見保兒甚喜撫養及壯遂令以舍人從軍嘗破苗獠於昌化獲婦女輜重甚夥文忠恐衆驕矜莫有鬬志遂潛殺所獲而焚其輜重因激厲之曰患不力戰何患不富貴衆感奮進攻淯安克之

文忠用胡深策去諸全五十里別築一城以相掎角吳人患之遣司徒李伯昇以二十萬衆攻新城文忠往救之令去城十里而軍守新城將胡德濟使人告賊勢盛宜少避其鋒以俟大軍文忠曰俟大軍城爲彼有矣兵

在謀不在衆乃下令曰彼衆而驕我少而銳以銳遇驕必克彼軍輜重山積此天以富汝曹也勉之會有白氣自東北來覆吾軍占之曰必勝詰朝會戰天大霧晦冥文忠集諸將仰天誓曰國家之事在此一舉文忠不敢愛死以後三軍遂橫槊引鐵騎乘高馳下衝其中堅敵以精騎圍文忠數重矛屢及膝文忠手所格殺甚衆縱橫馳突所向皆靡大軍乘之城中守兵亦鼓譟出敵大潰逐北數十里斬首數萬級溪水盡赤獲將校六百甲士三千鎧仗芻粟收數日不盡伯昇僅以身免捷聞太祖太喜召歸宴勞彌日賜御衣名馬遣還鎮

文忠受命統全浙兵攻張士誠將至杭杭帥潘原明使

其員外方爨納款文忠詰之曰兵未交而遽納款得無爲緩師計乎爨謝曰王師所過秋毫無犯杭之吏民鼓舞而慶有主自不能緩非敢緩師也文忠乃與飲而授之約束明日師入城原明以女樂迎麾去之止壁麗譙下令曰擅入民居者死一卒借民釜立斬以徇城中帖然

元順帝殂太子愛猷識里達臘新立所部多擕文忠諜知之兼程趨應昌太子北走獲其皇孫買的里八喇后妃宮人暨諸王將吏等捷聞帝大悅進爵曹國公賜誥券世襲卒年四十六贈岐陽王謚武靖

一鼓奪山

傅友德 明

傅友德宿州人驍勇多力擊刺騎射冠一時少從李喜之爲盜喜之敗從明玉珍玉珍不能用走武昌從陳友諒忽忽無所展及聞太祖舟師伐江州遂以所部謁見於小孤山帝奇之用爲別將屬常遇春從擊友諒於鄱陽湖輕舟挫其先鋒被數創戰益力復與諸將邀擊於涇江口既殲友諒從征武昌城東南高冠山下瞰城中帝顧諸將曰能奪此山者賞友德率數百人一鼓奪之流矢中頰復洞脅不爲沮武昌平授武衞指揮使

友德守彭城王保保之大將李二來寇勢張甚友德度衆寡不能敵詗其衆方肆掠因率步騎二千自呂梁渡

直趨擊之李二有驍將曰韓乙者出戰友德友德單騎奮槊刺之墜馬師乘而進遂敗之友德度賊且復至亟還開城門而陣於野臥戈以待約聞鼓聲則起李二果盛兵至鳴鼓士躍起搏戰破其衆擒李二以獻進江淮行省參知政事

友德充征虜前將軍與征西將軍湯和分道伐蜀和以舟師攻瞿塘友德以步騎出秦隴太祖諭友德曰蜀人聞我西伐必悉精銳東守瞿塘北阻金牛以抗若出不意直搗階文門戶既隳腹心自潰兵貴神速患不勇耳友德疾馳至陝集諸軍揚言出金牛而潛引兵趨陳倉攀援巖谷晝夜行抵階州敗蜀將丁世珍克其城蜀人

斷白龍江橋友德修橋以渡破五里關拔文州渡白水江趨綿州至漢江水漲不得渡伐山造戰艦欲以軍聲通瞿塘乃削木爲牌數千書克階文綿日月投漢水順流下蜀守者見之皆解體初蜀人聞大軍西伐丞相戴壽等果悉衆守瞿塘及聞友德破階文始分兵援漢江以保成都未至友德已破其守將向大亨於城下謂將士曰蜀人破膽援兵至無能爲也迎擊壽等大敗之遂拔漢州進圍成都壽與大亨以象載甲士出戰友德令强弩火器衝之身中流矢不退將士殊死戰象反走躪藉死者甚衆壽等遂率官屬出降成都平太祖製平西蜀文盛稱友德功爲諸將第一師還受上賞復以平雲

南功進封潁國公子孫世襲

白石濟

師

沐英 明

沐英字文英定遠人年十八授帳前都尉帝器重之尋拜征南右副將軍從將軍傅友德取雲南元梁王遣平章達里麻以兵十餘萬拒於曲靖英乘霧趨白石江霧霽兩軍相望達里麻大驚友德欲渡江英曰我兵罷懼爲所扼乃帥諸軍嚴陳若將渡者而奇兵從下流濟出其陳後張疑幟山谷間人吹一銅角元兵驚擾英急麾軍渡江以善泅者先之長刀斫其軍軍卻師畢濟鏖戰良久復縱鐵騎遂大敗之生擒達里麻

思倫發寇定邊眾號三十萬英選騎三萬馳救置火礮勁弩爲三行蠻毆百象被甲荷欄楯左右挾大竹爲筒

置標槍銳甚英軍分爲三都督馮誠將前軍甯正將左都指揮同知湯昭將右將戰令曰今日之事有進無退因乘風大呼礮弩並發象皆反走昔剌亦者寇梟將也殊死鬬左軍小卻英登高望之取佩刀命左右斬帥首來左帥見一人握刀馳下恐奮呼突陳大軍乘之斬獲殆盡思倫發遁去諸蠻震慴

立斬三
酋

沈希儀 明

沈希儀字唐佐貴縣人嗣世職爲奉議衞指揮使從征永安盜以數百人搗陳村砦馬陷淖中騰而及於岸三酋前趨之一鏢一刀一弩並發希儀㨪項以過鏢排右足讓刀顧射鏢者中決項死因掣刀斫刀酋於磴閒斷其頰死又射弩酋斃之破其餘衆而還以功遷都指揮僉事

荔浦賊八千渡江東掠希儀率五百人駐白面砦待其歸砦去蛟龍滑石兩灘各數里希儀曰滑石灘狹難行引繩乃濟雖衆可薄也蛟龍灘闊衆行成列難圖矣吾欲奪其闊而致之狹因伐岸竹編筏以爲襍項刻成數

百旗插之蛟龍灘令羸卒數十人守之以疑賊賊果趨滑石希儀豫以小艦載勁卒伏葭葦中賊渡且半乘龍急衝之兩岸兵譟而前賊衆多墜水死收所掠而還

希儀擢右江柳慶參將駐柳州柳在萬山中城外五里卽賊巢賊耳目徧官府閭閻動靜無不知希儀至令熟猺恣出入嬉遊城中乃求得與猺通商販者數十人使詗賊賊動靜希儀亦無不知希儀每出兵雖肘腋親近不得聞至期鳴號則諸軍咸集令一人挾旗引諸軍貿貿行不測所往及駐軍設伏賊必至遇伏輒奔官軍擊之無不如志已賊寇他所官軍又先至遠村僻聚賊度官軍所不逮者往寇之官軍又未嘗不至賊驚以爲神

嘗欲勦一巢乃佯卧病所部人間病謝不見再入謁希儀始起曰吾病思鳥獸肉若輩能從我獵乎卽起出獵去賊一二里而止營衆乃知其非獵也因攻巢擒其尤黠滑善戰者支解之四懸諸門見者股慄每以風雨晦冥夜偵賊所止宿遣人齎火若礮衣蓑帽與草同色潛伏舍旁中夜礮舉賊大駭曰老沈來矣咸挈妻子匍匐上山兒啼女號或寒凍觸崖石死爭怨悔作賊非計至曉下山則寂無一人他巢亦然衆愈驚潛遣人入城偵之則希儀故居城中不出也賊膽落多易面爲熟猺韋扶諫者馬平猺魁也累捕不得有報扶諫逃鄰賊三層巢者希儀潛率兵勦之則又與三層賊往刼他所希儀

盡俘三層巢妻子歸閉之空舍飲食之使熟猺往語其夫曰得韋扶諫還矣諸猺悉來謁希儀令入室視之妻子固無恙乃共誘扶諫出巢縛以獻易妻子還諸猺服希儀威信益不敢爲盜自是柳城四旁數百里無敢攘敓者

希儀善撫士卒常染危病卒多自戕以禱於神最後一人至以箭穿其喉其得士心如此

樓船擊倭

俞大猷　明

俞大猷字志輔晉江人嘉靖中安南叛入欽廉爲寇嶺海騷動諸司議募陸兵大猷曰賊由海來當以海舟破之若專備於陸賊舍此擊彼我不勝其備賊不勝其擊彼逸我勞非計也馳至廉州賊攻城方急大猷以舟師未集遣數騎諭降且聲言大兵至賊不測果解去無何舟師至設伏冠頭嶺賊犯欽州大猷遮奪其舟連破之永安萬甯而安南函賊首以獻矣

倭難作大猷以南直副總兵戰平望王江涇六金疊皆連捷而提督張經以覦師逮文華言論死大猷因之坐落職既而東南之禍日亟復大猷浙江鎮守大猷言防

江必先防海水兵急於陸兵蓋倭奴長陸戰今樓船高
大集萬銃其上倭船遇之輒摧抑焦爛因我兵所長也
善戰者毋以短擊長而以長制短且海船無他法在知
風候齊號令以大舟勝小以多勝寡耳於是用舟師戰
而舟山積歲不除之賊皆剿矣
饒平民張璉反流陷江閩諸州縣詔胡宗憲兼督兩廣
合諸道兵二十萬討之而大猷還南贛將宗憲聞璉出
行劫下檄言賊棄巢出此自投死其速擊大猷前以違
節制見劾得罪欲言恐禍及欲不言恐敗事已乃曰吾
豈以一身之禍忘國事哉乃具言璉雖離巢出劫其妻
子財貨仍在巢若我以大兵迫其巢彼必聚眾自救譬

之虎方逐鹿熊據穴而搏其子安得不置鹿而還還而
蹙之如拉朽耳且三省會擊有期又豈可以數萬之師
從一夫浪走哉於是疾引萬五千人登柏嵩嶺俯瞰賊
巢璉果還救大猷連破之斬首千二百級賊懼不敢出
用間誘璉出戰從陣後執之事平廣帥攘其功大猷曰
賊惡其不滅豈必在已翌日班師不妄殺一人以示信

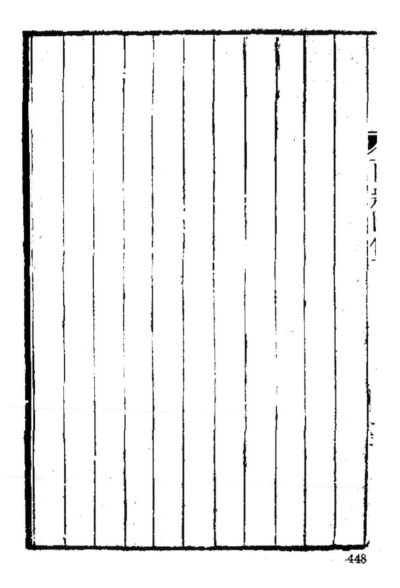

陣演鴛鴦

戚繼光 明

戚繼光字元敬定遠人幼倜儻負奇氣家貧好讀書通經史大意嘉靖中奉父命襲世官待次金馬門有善相者目逆之曰將軍三十六秉鉞專征不五等則三孤矣後以平倭備邊功累官至左都督加秩少保

繼光每以鴛鴦陣取勝其法二牌並列狼筅各跟一牌每牌用長槍二枝夾之短兵居後遇戰伍長低頭執牌挨次前進聞鼓聲而遲留不進即以軍法斬首其餘緊隨牌進交鋒則以筅救牌長槍救筅短兵救長槍牌手陣亡伍下兵通斬

繼光巡行塞上議建敵臺略言薊鎮邊垣延袤二千里

一瑕則百堅皆瑕比來歲修歲圮徒費無益請跨牆為臺睥睨四達臺高五丈虛中為三層臺宿百人鎧仗糗糧具備令戍卒晝地受工先建千二百座然邊卒木彊律以軍法將不堪請募浙人為一軍用倡勇敢督撫上其議許之浙兵三千至陳郊外天大雨自朝至日昃植立不動邊軍大駭自是始知軍令臺功成精堅雄壯二千里聲勢連接詔予世廕賚銀幣

平臺賜

綵

金陵陳振濤刊

秦良玉 明

秦良玉忠州人嫁石砫宣撫使馬千乘千乘死良玉代領其職爲人饒膽智善騎射兼通詞翰儀度嫻雅而馭下嚴峻每行軍發令戎伍肅然所部號白桿兵夙爲遠近所憚崇禎三年永平四城失守良玉奉詔勤王出家財濟餉莊烈帝優詔褒美召見平臺賜綵幣羊酒賦四詩旌其功四城已復命良玉歸專辦蜀賊連敗羅汝才於留馬埡譚家坪北平仙寺嶺奪汝才大纛賊勢漸衰當是時督師楊嗣昌盡驅賊入川川撫邵捷春提弱卒二萬守重慶所倚唯良玉及張令二軍綿州知州陸遜之歸捷春使按營壘良玉冠帶飾佩刀出見設饗禮語

遜之曰邵公移我自近去所駐重慶僅三四十里而遣張令守黃泥窪殊失地利賊據歸巫萬山顛俯瞰吾營鐵騎建瓴下張令必破令破及我我敗尙能救重慶急乎邵公不以此時爭山奪險令賊毋敢卽我而坐以設防此敗道也遜之深然之論次遜之誤曳其袖良玉引佩刀自斷之其嚴肅如是已而捷春移營大昌監軍萬元吉亦進屯巫山與相應援十七年春張獻忠長驅犯夔州良玉馳援衆寡不敵全蜀陷良玉慷慨語其衆曰吾以一孱婦蒙國恩二十年今不幸至此其敢以餘年事逆賊哉悉召所部約曰有從賊者族無赦乃分兵守四境賊遍招土司獨無敢至石砫者良玉竟以壽終

古今女將傳贊敘

吾華近時競開女學堂日本政治亦重女學堂各國皆尙以爲教育之基在此豈不信然中國上古時有女皇氏垂教後世相傳共工與顓頊戰爭折天柱絕地維而女媧有補天之功時女媧爲帝共工顓頊爲諸侯能平其爭是女媧氏善將將也至殷周時驪山之女爲戎胥軒妻生中潏以親故歸周保西垂西垂以其故和睦其人有非常材略周文王興於西夷倚以爲重武王誓師嘉念其功置之亂臣十人之列故

孔子曰才難不其然乎唐虞之際於斯為盛有婦人焉九人而已（近儒俞曲園先生有擬建驪山老母祠議前說本之）其後驪山女之風染於秦孔子刪詩列秦風說者謂小戎之篇婦人女子亦知兵而好義秦是以強蓋耳所習聞風氣漸開男女本同男子讀書尚氣節則為忠臣為義士女子讀書尚氣節則為烈婦為女將聖賢豪傑巾幗英雄其致一也苟從教育時先提倡之則風氣所趨豈獨秦風為然乎商子云壯女為一軍又阮太沖作女雲臺二卷記古女子婦人建義旗滅盜事多至數

十百人然是書已無傳余獨慼秦風之說錄史傳所載自漢迄淸得女將六十九人列其事實系以讚詞名曰古今女將傳贊以遺女學堂或有裨於教化云

民國二年癸丑仲夏長洲朱孔彰書

古今女將傳贊圖目

卷一

卷二

古今女將傳贊卷上

長洲朱孔彰編述

元女

元女著戰經一卷兵法四卷隋書經籍志

贊曰明恥教戰雄于丈夫陋彼孫武不數穰苴

馮夫人

楚主侍者馮嫽能史書內習漢事外習西域諸國事嘗持漢節爲公主使城郭諸國敬信之號曰馮夫人爲烏孫右大將妻右大將與烏就屠相愛都護鄭吉使馮夫人說烏就屠使降烏就屠恐曰願得小號以

自處帝徵馮夫人自問狀乃遣謁者送馮夫人錦車持節詔烏就屠詣長羅侯赤谷城立楚主子元貴靡爲大昆彌烏就屠爲小昆彌皆賜印綬（通鑑）

贊曰錦車持節克平戎醜當邁昭君名傳不朽

李毅女

章州刺史李毅之女名秀父討夷寇戰死衆推秀領州事同將士固守拔艸薰鼠而食之卒破賊時以秀所築城爲天女城（南詔通記）

贊曰代領州事李秀英豪拔艸薰鼠士飢守牢一時

景仰天女城高

徐琨母

富春徐琨隨孫策擊樊能于麋等于橫江攻張英于當利口而船少欲駐軍更求時琨母在軍中謂琨曰恐州家多發水軍來逆人則不利矣如何可駐耶宜伐蘆葦以爲泭佐船渡軍琨具啟策策即行之衆俱濟遂破英走笮融劉繇三國志

賛曰伐蘆爲泭佐船渡兵帥用其策遂破張英徐母有謀討虜功成

張茂妻陸氏

吳郡守張茂死沈充之難妻陸氏散家財率茂部曲討充敗之詣闕上書爲茂謝不克之責詔曰茂夫妻忠誠舉門義烈宜追贈茂太僕（晉書列女傳）

贊曰夫仇克報大破沈充追贈茂官詔書寵隆

荀灌

灌荀崧小女也崧都督荊州屯宛爲杜曾所圍力弱食盡欲求援于故吏襄城太守石覽計無所出女灌時年十三乃率勇士數人踰城突圍夜出賊追甚急

灌督將士且戰且行入魯陽山獲免遂向覽乞師及代爲嵩書與中郎將周魴結爲兄弟魴即遣子率三千人會覽救嵩賊聞兵至散走華陽國志　按晉書列女傳以嵩爲襄陽太守誤

贊曰年未當笄孝勇莫及突圍乞師救父心急兵至賊散功成名立

劉遐妻

劉遐妻邵續女也驍果有父風遐嘗爲石季龍所圍妻單將數騎拔遐于萬衆之中後遐卒其壻將作亂

密焚其軍仗諸將即時定之六帖

贊曰突圍救夫出萬衆中有謀有勇應驚季龍

吳潭母

虞潭征蘇峻潭母孫氏盡發家僮令隨潭助戰貿其所服環珮以爲軍資晉書

贊曰五馬南渡虞母名著助子平賊功成有譽

朱序母

梁州刺史朱序母韓氏秦王苻堅攻襄陽序固守中城秦兵攻中城初韓氏聞秦兵將至自登城履行西

北隅以爲不固帥百餘婢及城中女丁築斜城于其內及秦兵至西北隅果潰斜城不破晉書

贊曰親率女丁修築不傾共頌韓氏號夫人城

郷琊王女　顧琛母

晉瑯琊王廞起兵以已女爲貞烈將軍悉以女人爲官屬以顧琛母孔氏爲軍司馬時年已百餘尙能執堅破陣荷亭辨論

贊曰女子知兵陰符天授高年臨戎忠貞得壽

石勒妻劉氏

勒后劉氏侍中劉閏中妹别部胡人也勒納之于胡門美色有德寵張禕反于襄城后拔劍斬之勒賴后而濟后性敏慧多幹畧理國之務佐勒建功業有呂氏輔漢之風然嚴整婉容性不妬忌尤過之也初封上黨國夫人建平元年立爲皇后十六國春秋

贊曰拔劍斬賊襄城以平婉容有德不服倉庚

苟金龍妻

梓潼太守苟金龍妻劉氏平原人也宣武時金龍爲郡帶關城戍主梁人攻圍金龍病不堪部分劉遂理

戰具拒敵百餘日分衣減食同勞逸戍副高景謀叛立誅之衆畏威懷德并在外城為賊據城絕水劉氏向天禱祈俄而雨劉命出公私布絹縣之絞而取水悉儲之會救至梁人乃退宣武嘉之賞其子爵焉北史魏書

贊曰拒戰十旬代夫調度關城以安天賜甘澍

楊大眼妻

楊大眼妻潘氏善騎射嘗自詣軍省大眼至攻戰遊獵之際潘氏亦戎裝齊鑣並驅及還營同坐幕下對

諸僚佐言笑自得大眼指謂人曰此潘將軍也女世說

贊曰攻戰遊獵夫婦相從一時名著是女英雄

洗夫人

譙國夫人洗氏高梁人也世爲南越首領部落十餘萬家夫人幼賢明在父母家撫循部衆能行軍用師壓服諸越每勸宗族爲善由是信義結於本鄉梁大同初羅州刺史馮融聞夫人有志行爲其子高梁太守寶聘以爲妻融本北燕苗裔至寶數世爲守牧他鄉羈旅號令不行夫人乃誡約本宗使從百姓禮每

與夫寶參決辭訟首領有犯法者雖親族無所縱捨
自此政令有序人莫敢違後遇侯景反廣州都督徵
兵援臺城高州刺史李遷仕據大皐口遣召寶寶欲
往夫人疑其反止之數日遷仕果反遣主帥杜平虜
率兵入灨石寶以告夫人曰平虜入灨與官兵相拒
勢未得還遷仕在州無能爲也宜遣使詐之云身未
敢出欲遣婦往參彼必無防慮我將千餘人步擔雜
物唱言輸賧得至柵下賊必可圖從之夫人果擊敗
遷仕因總兵與長城侯陳霸先會於灨石還謂寶曰

陳都督極得衆心必能平賊君厚資給之及寶卒嶺
表大亂夫人懷集百越數州宴然陳永定二年其子
僕年九歲遣帥諸首領朝于丹陽拜陽春郡守後廣
州刺史歐陽紇謀反召僕至南海誘與爲亂僕遣使
告夫人夫人曰我爲忠貞經今兩代不能惜汝負國
遂發兵拒境紇徒潰散僕以夫人之功封信都侯册
夫人爲高梁郡太夫人資繡幰油絡駟馬安車一乘
給鼓吹一部幷麾幢旌節一如刺史之儀陳亡隋
遣孫魂帥衆迎總管韋洸洸至廣州表魂爲儀同三

司册夫人為宋康郡夫人未幾番禺人王仲宣反圍
洸進兵屯衡嶺夫人遣孫暄帥師援洸時暄與逆黨
陳佛智素相友故遲留不進夫人大怒遣使執孫暄
係州獄又遣孫盎討佛智斬之進兵至南海與鹿愿
軍會共破仲宣夫人親被甲乘介馬張錦繖領彀騎
衞嶺南既定帝拜盎為高州刺史仍赦出暄拜羅州
刺史追贈寶為廣州總管封洗氏譙國夫人幕府署
長史以下官屬給印章聽發部落六州兵馬若有機
急便宜行事降敕書褒美賜物五千段皇后以首飾

及宴服一襲賜之夫人並盛於金篋并梁陳賜物各藏于一庫每歲時大會皆陳於庭以示子孫曰汝等宜盡赤心向天子我事三代主惟用一好心今賜物俱存此忠孝之報時番州總管趙訥貪虐諸俚獠多有亡叛夫人遣長史張融上封事論安撫之宜并言訥罪狀上遣推訥得其贓竟致於法敕委夫人招慰亡叛夫人親載詔書自稱使者歷十餘州宣述上意諭諸俚獠所至皆降文帝賜夫人臨振縣湯沐邑一千五百戶仁壽初卒謚為誠敬夫人隋書、北史女女世說

子善將兵者有保甯洗氏陳氏雞牕剩言

贊曰寶全僕免智勇是饒貽厥孫謀上德宣昭繡幰錦繖乘馬驕驕勤勞三世忠於南朝

孫道溫妻

孫道溫妻趙氏女也万俟奴反圍岐州趙氏率城內人衆齊奮士完城城竟克全贈安平縣君北史

贊曰奮士完城全此衆生岐州以定褒美安平

任城太妃孟氏

任城國太妃孟氏鉅鹿人尚書令任城王澄之母澄

為揚州刺史率衆出討梁將姜慶眞襲陷羅城長史韋纘計無所出孟乃勒兵登陴先守要便激厲文武安慰新舊勸以賞罰將士咸奮太妃親巡城守慶眞乃退靈太后令曰鴻功盛美實宜垂之永年乃勑有司樹碑旌美魏書慶眞說儲作慶貞

贊曰太妃孟氏代子守城何以退敵賞罰嚴明

鄒保英妻

鄒保英妻奚氏萬歲通天初契丹賊李盡忠來寇平州保英時任刺史領兵討擊既而城孤援寡勢將陷

奚氏乃率家僮及城內女丁相助固守賊退所司以聞優制封爲誠節夫人唐書列女傳

贊曰家僮女丁率守城闕佐夫盡忠無媿誠節

古元應妻

縣令古元應妻高氏能固守飛狐縣城卒免爲突厥所陷下詔曰頃屬默啜攻城咸憂陷沒丈夫固守猶不能堅婦人懷忠不憚流矢由玆感激危城重安如不褒昇何以奬勸古元應妻可封爲徇忠縣君唐書列女傳

贊曰高氏縣君惟夫是助飛狐能守虜引而去

平陽公主

唐高祖起義兵女平陽公主夫柴紹欲往慮不能偕主曰公行矣我自爲計遂發家貲招亡命得數百人諸賊皆來會乃申法誓衆遠近咸附勒兵七萬威振關中與紹對置幕府號娘子軍南部新書

贊曰提兵赴召夫壻忠勤對置幕府娘子能軍

李商胡母

李商胡之母霍氏善騎射自稱霍總管時李世勣結

商胡爲昆弟入拜商胡之母母泣謂世勣曰竇氏無道如何事之世勣曰母無憂不過一月當殺之相與歸唐耳世勣辭去母謂商胡曰東海公許我共圖此賊事久變生何必待其來不如速決是夜召曹旦禆將二十三人飲之酒盡殺之旦蓋建德妻兄鎮河南者也通鑑

贊曰竇氏無道李氏有成母知速決不待變生

李謹行妻

李謹行妻劉氏在代奴城靺鞨攻之劉氏擐甲率衆

守城賊退封燕郡夫人唐書

贊曰鞦羯來攻劉氏能守賊退城完崇封禮厚

木蘭

木蘭女梁人也代父戍邊十二年人不知爲女歸賦戍邊詩一篇傳於世杜牧題其廟云彎弓征戰作男兒夢裏曾經學畫眉幾度思歸還把酒拂雲堆上祀明妃一統志木蘭隋宋州人姓魏氏焦氏筆剩曰姓朱氏獨異志

附木蘭詩見古詩選或曰木蘭作或曰無名氏作

喞喞復喞喞木蘭當戶織不聞機杼聲惟聞女歎息

問女何所思問女何所憶女亦無所思女亦無所憶
昨夜見軍帖可汗大點兵軍書十二卷卷卷有爺名
阿爺無大兒木蘭無長兄願爲市鞍馬從此替爺征
東市買駿馬西市買鞍韉南市買轡頭北市買長鞭
朝辭爺孃去暮宿黃河邊不聞爺孃喚女聲但聞黃
河流水鳴濺濺旦辭爺孃去暮宿黑水頭不聞爺孃
喚女聲但聞燕山胡騎鳴啾啾萬里赴戎機關山度
若飛朔氣傳金鐸寒光照鐵衣將軍百戰死壯士十
年歸歸來見天子天子坐明堂策勳十二轉賞賜百

千強可汗問所欲木蘭不要尚書郎願借明駝千里足送兒還故鄉爺孃聞女來出閣相扶將阿姊聞妹來對鏡理紅妝小弟聞姊來磨刀霍霍向豬羊開我東閣門坐我西間牀脫我戰時袍著我舊時裳當窗理雲鬢對鏡帖花黃出門看火伴火伴皆驚忙同行十二年不知木蘭是女郎雄兔腳撲朔雌兔眼迷離雙兔旁地走安能辨我是雄雌

贊曰代父戍邊十有二年才兼文武忠孝雙全改裝易服矢志貞堅帖花有像風格儼然

苻登妻

姚萇襲苻登營陷之登后毛氏彎弓跨馬率壯士數百與戰殺七百餘人衆寡不敵爲萇所執遂被害晉書十六國春秋

贊曰跨馬彎弓殺賊七百毛氏義烈名留竹帛

侯四娘　唐四姑　王二娘

衛州女子侯四娘滑州女子唐四姑青州女子王二娘當史思明之亂相與歃血赴行營討賊滑濮節度使許叔冀表其忠皆補果毅將軍唐書列女傳冬夜箋記

贊曰唐代中興果毅斯補嗟彼淑女可以禦侮

古今女將傳贊卷上終

大竹徐永孝校字

古今女將傳贊卷下　長洲朱孔彰編述

李侃妻

唐項城令李侃妻楊氏建中末李希烈襲陳州侃以城小賊銳欲棄去婦曰君逃尚誰與守死職焉可也侃曰兵少財乏何以守婦曰縣不守則賊地也倉廩府庫其積也百姓其戰士也于國家何有請重賞募死士幾可濟侃乃召吏民入庭中約死守衆泣許諾得數百人率以乘城婦身自爨以享士饗必周侃中流矢欲歸卧婦責之曰君不乘城孰爲有固心乎死

于外猶愈于牀也侃遽登城會賊將中流矢死引去而城完楊氏之力也唐書

贊曰婦人有志可勝于夫强藩跋扈稔惡噬膚勉以死守何懟城孤榮名克保夫婦與俱

崔寧妻

西川節度使崔寧妻任氏寧入朝楊子琳襲其城任氏素驍勇即出家資十萬募勇士得千人設部隊手自麾兵逼子琳子琳大懟而還朝廷加旰尙書賜名寧任氏封夫人舊唐書通鑑

贊曰十萬家貧出募勇士夫既入朝城惟我恃手自麾兵敵人披靡

王若渙妻 奩史引作若奐

王若渙妻夏氏以戰功封武威郡夫人 唐書

贊曰婦人知兵豈惟內助頗有戰功武威名著

李克用妻

克用妻劉夫人嘗隨軍行軍機多所取益 北夢瑣言

克用困於上源驛左右先脫歸者以汴人爲變告其妻劉氏劉神色不動立斬之陰召大將約束謀保軍

以還克用歸欲攻汴劉氏曰當訴之朝廷若擅舉相攻天下孰能辨其曲直乃止（容齋五筆）

劉氏嘗從征伐爲人明敏多智畧頗習兵機常教其侍妾騎射以佐太祖梁遣氏叔琮康懷英等連歲攻晉圍太原晉兵屢敗太祖恴愳不知所爲大將軍李存信等勸太祖亡入北邊收兵以圖再舉太祖然之入以語夫人夫人問誰爲此謀者曰存信也夫人罵曰存信代北牧羊兒耳安足與計成敗邪且公嘗笑王行瑜棄邠州走卒爲人禽今乃自爲此乎昔公亡

奔達靼幾不能自脫賴天下多故乃得南歸今屢敗之兵散亡無幾一失其守誰能從公北邊其可至乎太祖大悟乃止五代史

贊曰能佐唐祖夫人知幾不徙代北頗習兵機卒保太原滅梁顯威

寨將夫人

寨將夫人虞氏黃巢破西衡州虞氏躬被甲冑率兄弟及鄉兵戰禦賊遂北虞氏亦死鄉人爲立廟大有靈應宋嘉定間封顯佑夫人贛南名勝志

贊曰躬被甲胄大破巢兵夫人廟祀雖死猶生

韓蘄王夫人

夫人京口妓也蘄王納之後封梁國夫人蘄王嘗邀兀朮于黃天蕩夫人親執桴鼓金兵終不得渡一夕兀朮鑿河遁去夫人奏疏言世忠失機縱敵乞加罪責舉朝爲之動色鶴林玉露

金兵至世忠軍已先屯焦山寺金將李選降受之兀朮遣使通問約日大戰許之戰將十合梁夫人親執桴鼓金兵終不得渡建炎六年世忠授武寧安化軍

節度使京東淮東路宣撫處置使置司楚州世忠披艸萊立軍府與士同力役夫人梁親織薄爲屋宋史贊曰親執桴鼓遏金渡江刼夫一疏天子動容勞苦從夫織薄爲屋戰士樂隨三軍和睦

周虎母

周虎平江人倜儻有大將器身兼文武能賦詩工大字開禧間守和州敵騎蔽野居民官軍無以爲食城欲下者屢矣其母夫人自拔首飾奩具巡城埤徧犒軍使盡力一戰命虎同士卒甘苦與之俱攻圍以出

戰士卒感其誠意遂以血戰敵騎幾殲上守城功歸于母命封和國賜冠帔云（朱葉紹公四朝聞見錄戊集）

贊曰奩具犒軍激士以義血戰攻圍遂殲敵騎和國榮封錫之冠帔

劉節使女

李全襲東平遇金龍虎上將軍盛兵以出旁有繡旗女將馳槍突鬭全幾不免精銳喪失大半女將劉節使女也（金史）

贊曰繡旗盪決全喪其師節使之子英武其姿

一丈青

馬皋被誅閻勁周恤其妻一丈青以爲義女後勁說張用歸朝以一丈青妻之遂爲中軍統領有二認旗在馬題曰關西貞烈女護國馬夫人女世說

賛曰丈青烈女中軍之帥有二認旗標其美懿

遼太祖后

太祖淳欽皇后述律氏諱平小字月理朶太祖行兵御衆后嘗與謀太祖渡磧擊黨項黃頭臭泊二室韋乘虛襲之后知勒兵以待奮擊大破之名震諸夷及

後平渤海后與有謀太祖崩后稱制攝軍國事玉磑集

遼史

贊曰遼祖建國迭律佐師大破室韋名震諸夷復攝國事功邁鬚眉

蕭后

遼景宗睿知皇后蕭氏諱綽小字燕燕宰相思溫女景宗册爲后生聖宗景宗崩后攝政族屬雄强邊防未靖后與耶律斜軫韓德讓參決大政任于越休哥以邊事后明達治道聞善必從故羣臣咸竭其忠習

知軍政澶淵之役親御戎車指麾三軍賞罰信明將士用命聖宗稱遼盛主后教訓爲多（遼史 契丹國志）

贊曰北遼蕭后習于軍政澶淵臨戎士皆用命

沙里質

沙里質阿鄰妻也天輔六年黃龍府卒叛時阿鄰從軍沙里質糾男婦五百餘人以氈爲甲以裳爲旗賊至男夫授甲婦人鼓噪自拔劍督戰凡三日賊去論功封金源郡夫人（金史）

贊曰阿鄰有婦氈甲裳旗麾兵敗賊三日爲期黃龍

郡國褒顯是宜

曾婦晏氏

曾氏婦晏汀州寧化人夫死不嫁紹定間寇破寧化將樂令令土豪各爲砦結約以拒賊晏首助兵給糧多殺獲賊結集來攻諸砦不能禦晏獨依黄牛山旁自爲砦以居一日賊遣人來索婦女金帛晏悉召其田丁諭之曰汝曹衣食我家賊求婦女意在我汝等必用命奮擊之不勝殺我降未晚也傾齎資犒之衆感奮使諸婢鳴金作其氣賊復退敗鄉鄰人挈眷依

焉有不能給者晏悉以家糧飲之于是聚衆日廣與其豪析黃牛山爲五砦選少壯練訓之有急互犄角相援賊數攻弗克所活老穉數萬計知劍南州陳韡遺金帛奬之名其砦曰萬安晏悉散給其下又分五砦人詔封恭人賜冠帔補其子承信郎宋史

贊曰築砦拒賊傍黃牛巒保全鄉里宜名萬安

阿爾占

阿爾占呼爾哈明安瓜爾佳胡山之妻夫亡寡居有衆千餘興定元年上京行省太平執其父承充以應

布希萬奴阿爾占治廢壘積芻糧以自守萬奴使招之不從乃射承充書入城得而碎之曰此詐也萬奴兵急攻之乃衣男子服與其子富德督戰甚力殺數百人生擒十餘人乃解去後復遣將擊萬奴兵獲其將一人詔封郡公夫人金史

贊曰手碎詐書拒戰彎弧搴旗斬將大破萬奴厥功甚偉興定之初

晏溥妻

晏溥妻趙氏靖康初身自戎服率義士與賊力戰史補

贊曰戎服勒兵名標女史敵愾同仇亦有義士

完顏仲德妻

蔡城被圍完顏仲德妻率諸命婦自作一軍運矢石城下城中婦女爭出繼之完顏史記

贊曰集諸命婦自作一軍光增翟茀克著奇勳

宣娘

黃平州宣娘有武略嘗領兵營于黃平今城北有宣娘壘貴州通志

贊曰黃平宣娘武略旣美憑弔高風尙遺戰壘

許夫人

許夫人聚兵立山寨甚盛歸周彥榮甚闘諸山寨癸辛襍識

贊曰夫人聚兵屯列杉楓山寨遂盛板屋遺風

畢韜文

畢女著字韜文父守薊邱與流賊戰死尸爲賊所虜著卽于是夜率精銳入攻賊營既至賊正飲酒著乘其不意奮勇突前手刃其渠輿父尸而還時女年方二十四一時驚異焉剔裁集王初桐奩史著歙縣人後嫁昆山王聖開

贊曰畢女矢志不共戴天夜率精士攻賊之堅殲厥
渠魁輿父尸還仁孝且勇芳徽永傳

韓貞女

韓貞女保甯人元末明玉珍據蜀貞女慮見掠僞爲
男子服混迹民閒既而被驅入伍轉戰七年人莫知
其處女也後從明玉珍破雲南還遇其叔父贖歸都
始改裝而行同時從軍者莫不驚異洪武四年嫁爲
尹氏婦成都人以韓貞女稱玉池談屑

贊曰改裝入伍滅滇功成百夫之特女子之貞

瓦氏

田州女土官瓦氏嘉靖十四年調之征倭至蘇州索有司捕蛇爲軍中食敗倭于王江涇（靜志居詩話）

贊曰以甲爲裳以蛇爲糧奇哉女將土官之良

沈雲英

沈至緒女雲英弱齡父教以胡氏春秋崇禎十五年至緒守道州流賊薄城雲英與父拒賊于麻灘驛前父中流矢死雲英率數女將潰圍奪父屍出湖廣總督奏聞詔拜雲英爲游擊將軍代父將軍守道州後

雲英亦戰死明史

贊曰道州共守親歿女悲再戰破賊奪還父尸孝勇無敵朝廷嘉之

蕭如薰妻

參將蕭如薰妻楊氏故尚書兆女也賢而多智贊夫死守以拒哱拜之黨日具牛酒犒士哱拜養子雲最驍勇引兵急攻如薰伏卒高關誘賊入射雲死城獲全如薰擢副總兵楊氏亦被旌劉孟塗奇女傳

贊曰哱拜來攻同挫賊銳夫榮婦旌揚名後世

阿曩

土官陶瓚祖母阿曩正統間叛寇入境阿曩率所部禦賊斬馘甚多境土以安封太淑人景東府志勝

贊曰阿曩知兵孫爲土官率部禦賊邊境以安

張銓妻

張銓妻霍氏銓盡節遼陽其子官京師獨霍氏在家寇至衆請避之曰避賊而出家不保出而遇賊身更不保等死耳曷死于家乃率童僕堅守家堡賊環攻四晝夜卒不克而去其避山谷者多被淫掠副使王

肇生名其堡曰夫人城後賊來犯竝擊卻之里人多賴以免流寇始末

贊曰堅守家堡晝夜能防哀我夫子盡節遼陽忠貞濟美羕羕流芳

秦良玉

秦良玉石柱宣撫使馬千乘妻也千乘死良玉代領其衆爲人饒膽識善騎射竝通詞翰儀度閒雅而馭下嚴峻每行軍發令戎伍肅然所部號白桿兵平播州藺州水西援遼拒張獻忠皆有功及獻忠陷全蜀

良玉慷慨語其衆曰吾兄弟二人皆死王事吾以孱婦蒙國恩二十年今不幸至此其肎以餘年事逆賊哉悉召所部約曰有縱賊者殺無赦乃分兵守四境賊徧召土司獨無敢至石柱者（明史）

秦良玉帥師勤王召見賜綵幣御製詩旌之曰蜀錦征袍手製成桃花馬上請長纓世閒不少奇男子誰肎沙場萬里行（崇禎遺事）

贊曰兄弟二人皆死王事身受國恩敢有他志白桿兵強忠勳可記

吳允誠妻及媳

蒙古人巴圖特穆爾來歸賜姓吳名允誠領所部居涼州有三子曰荅蘭曰管者曰克勤允誠與二子從軍其妻及管者居涼州番人誘脅其衆欲叛去允誠妻與管者謀召部將禽其黨誅之帝喜降敕旌獎管者妻亦有智略嘗親入朝獻馬朝廷多其忠明史

永樂八年敕涼州都督吳允誠妻曰比韃寇以兵脅爾爾能守節厲志謀執叛者戮之以婦人而秉丈夫之節朕甚嘉焉令賜爾綵幣十表裏米百石鈔四千

貫羊百羫用示褒嘉弇山堂別集

贊曰涼州拒寇子婦能從入朝獻馬帝嘉其忠

木青妻羅氏

木青妻羅氏蘭州人夫任土知府羅氏嫁十年夫臥病竭力調治不起方閔凶時適有蕃寇慨然曰彼以我新遭喪子在襁褓無能爲耳乃擐甲躍馬先士卒而出一鼓克敵邊鄙以甯事姑盡孝教子以忠誥封恭人年五十一終劉孟塗奇女傳

贊曰恭人擐甲憤不欲生一戰克敵邊鄙以甯

劉淑

劉夫人淑南昌忠烈公鐸之女也能讀父書精曉兵法歸王次諧諧夭夫人孀居逆闖逼京師聞鼎湖之變夫人乃散家財募死士得數百人併其童僕悉以司馬法部署指揮成陳士卒咸用命然孤軍寡援會滇帥張某適至謁見夫人以醉語不遜夫人怒拔劍將斬之帥環柱走一軍皆驚思反兵相攻咸被甲夫人曰殺一女子何用甲也然五步之外汝不得恃衆索筆賦詩見志因慷慨責帥仗劍指陳大義諸軍聞

之無不變色卻立者帥悔且懼率麾下叩首請罪夫人曰婦言不出閫吾爲國難以至於此事之不濟天也將軍好爲之跨馬而去巢震林史闕文補

贊曰南昌忠烈有女全貞怒責湞帥踊躍用兵慷慨陳義一軍皆驚

夜梅

夜梅順甯人僰婦萬厤間木邦侵境兵勢甚勁郡男子與之敵者皆北婦手持尺劍敗其黨百十騎自是木邦不敢犯名勝志

贊曰木邦強盛毋敢攖鋒女子奮劍殲彼羣凶

張鐸妻

崇禎十四年賊破汝州城張鐸妻丁氏謂兩婢曰今日必死曷若先出擊賊殺賊而斃不失爲義烈鬼于是執梃而前賊先入者三悉斃于梃羣賊怒攢刺之明史汝州志作張鐸妻

贊曰丁氏義烈不負夫張孰若先出擊賊而亡

張國紘妾楊氏

楊氏安定舉人張國紘妾崇禎十六年賊賀錦攻城

急國綋與守者議丁壯登陴女子運石楊先倡城中
女子從之須臾四城皆徧及城陷楊死譙樓旁事定
獲其屍兩手猶抱石明史
贊曰賊錦攻城助夫拒逆死譙樓旁手猶抱石

劉夫人

劉夫人周將軍遇吉妻崇禎甲申李賊犯甯武公血
戰七晝夜夫人登屋而射發一矢輒殪一賊力竭城
陷同死鄒長蘅詩注 啟禎野乘
贊曰紅顏殺賊十發十殪戰七晝夜與夫同逝可謂

雙忠不負恩帝

青嘉努妻　納岱妻　邁圖妻

天命十年六月明將毛文龍遣兵三百夜入耀州城南之蕎麥衝薄官屯寨方踰牆我寨兵未及堵禦有青嘉努納岱邁圖三人之妻倚車轅於牆以爲梯青嘉努妻持利刃率二婦登梯奮擊三百人皆驚墜牆走守耀州城總兵楊古利率兵追擊盡殲之上召三婦獎賚金帛牛馬賜青嘉努納岱妻備禦邁圖妻千總職王先謙東華錄

贊曰蕎麥衝側薄官有屯三婦忠勇氣若孟賁距賊三百顱於砦門帝皇嘉之武秩拜尊

徐襄毅妻許夫人

許夫人奉天鐵嶺人鎮平將軍一等男徐襄毅公滔都妻精韜鈐善騎射襄毅出兵夫人每自爲一隊康熙十三年吳三桂犯湖南襄毅援夔陵夫人駐防江口十五年鎮將楊來嘉叛夫人沿江剿賊屢卻之八月賊猝犯鎮署夫人中礮殁特旨優卹予雲騎尉世職次子永年襲夫人能詩常賦馬上歌曰快馬輕刀

夜斫營健兒疾走寂無聲歸來金鐙齊敲響不讓鬚眉是此行正始集

贊曰夜襲斫營鬚眉有媿臨陣賦詩軍中驚異礉殞芳烈彤史猶記

林夫人

沈文肅公夫人林氏文忠公則徐之女咸豐六年沈文肅公知廣信府粵賊將至城中本無守兵百姓皆逃亡省垣亦無兵救援夫人曰與其坐而待亡孰若乞救於隣省玉山鎮總兵總兵名廷選為林文忠舊

部或以義來援乃嚙指血淋漓寫書一函請救沈文肅持出府門見擔夫數人入城賞青錢四千令健足送玉山玉山離廣信三日程軍裝由山河下水漲則速血書既發卽令擔夫數人往四鄉招募死士數百與夫人登城覽形勢閉城門共守會大雨山水發援兵至而賊已薄城先是賊有偵探言廣信城門洞開無守備及見城上旗幟大驚殺偵探者饒總兵屢出兵擊卻之夫人執爨享士半月餘賊遁走曾文正公在九江奏文肅夫婦守城之功後百姓建沈公祠夫

人同祀詳余咸同以來聞見錄

附林夫人書

將軍漳江戰績嘖嘖人口里曲婦孺莫不知海內有饒公矣此將軍以援師得名於天下者也此間太守聞吉安失守之信豫備城守偕廉侍郎往河口籌餉招募但爲勢已迫招募恐無及縱倉卒得募而返驅市人而戰之尤所難也頃來探報知昨日貴溪失守人心皇皇吏民鋪戶遷徙一空署中僮僕紛紛告去死守之義不足以責此輩只得聽之氏則倚劍與井

爲命而已太守明早歸郡夫婦二人荷國厚恩不得藉手以報徒死負咎將軍聞之能無心惻乎將軍以浙軍駐玉山固浙防也廣信爲玉山屏蔽賊得廣信乘勝以抵玉山孫吳不能爲謀賁育不能爲守衢嚴一帶恐不可問全廣信即以保玉山不待智者辨之浙大吏不能以越境咎將軍也先宮保文忠公奉詔出師中道齎志至今以爲心痛今得死此爲厲殺賊在天之靈實式憑之鄉閭士民不喻其心以輿來迎赴封禁山避賊指劍與井示之皆泣而去太守明晨

得鑲歸後當再專牘奉逰得拔隊確音當執爨以犒
前部敢對使幾拜爲七邑生靈請命昔睢陽嬰城許
遠亦以不朽太守忠肝鐵石固將軍所不吝與同傳
者也否則賀蘭之師千秋同恨惟將軍擇利而行之
刺血陳書願聞明命
贊曰佐夫成名忠至智生囓血爲書遠請救兵危城
克保廟祀膺榮

孝烈夫人

孝烈夫人者知江西建昌府何栻之妻也咸豐年間

粵賊犯郡境栻先令眷屬避遠鄉後夫人聞賊將至願守城同死入城月餘親執爨亨士補綴裳衣登陴覽形勢曰糧仗不足柰何迨賊至攻急城陷栻被創暈絕爲練勇舁之出城復蘇請大府發兵救援不數日郡克復夫人與三女則死於府廨井中矣朝廷旌獎諡曰孝烈許建專祠詳見咸同以來闡見錄

贊曰孝烈相夫金石志堅城壞身隕忠節凜然

莫遠猷母池氏

莫遠猷母池氏苦節撫子咸豐五年黔省上江齋匪

八寨苗匪相繼竊發池氏在獨山州令子孫築堡州北路賊來輒大創去及庚申歲粵賊石達開陷州城池氏率子遠猷孫秋闈與賊巷戰死莫大猷奉母陳奔村落間亦被焚大猷遠猷皆莫先生友芝猶子巴陵吳南屏題先生影山艸堂圖詩有句云捍賊殺賊好猶子猶子之子并鬥死更有兩嫂羅此凶一門義烈高鄉里（獨山莫子思影山艸堂本末巴陵吳南屏題詩）

贊曰母子併命忠節凛然築堡禦賊戰蹟可傳

李仙姑

李武愍公孟羣從妹名素貞號仙姑習擊劍多武藝能辟五兵在武愍軍中常戰勝鄂人驚以爲神後歿于陳（王壬秋湘軍志陳其元庸閒齋筆記）

贊曰武愍有妹能辟五兵鄂人驚詫善戰知名

孫開華軍門媳

孫武壯公開華光緒十年守淡水屢敗法兵爲名將公子幼華恂恂如書生二十一年日兵北犯朝廷割臺灣與和臺人不肎讓公子募壯士與日人戰死於三貂嶺妻林氏散家財招募一軍爲夫報仇亦戰死

新聞紙

贊曰公子戰死妻率義民爲夫報仇沒而不泯

古今女將傳贊卷下終

大竹徐永孝校字

先君少游曾文正公滌生之門孰習掌故清季政教日衰將懦兵弱國家不競外侮日亟慨然思咸同戡亂將帥之功撰中興將帥別傳正續編三十二卷欲以激厲戎行警惕中國使人知安不忘危不可一日無武備其書早風行於世清廷亦怵於外患之深故科舉設學校女學亦於此萌芽　先君謂强國之本基於陰教中國舊習女子以和柔婉順爲美而鮮剛彊毅烈之風不足以應世變維危局乃捋取正史及百家襍記女子好義知兵禦侮衞國有奇節者上自軒轅下逮清代都爲一編題曰古今女將傳贊欲貽

諸女學以振元女馮嫽譙國平陽巾幗之遺烈兾有禆於世教書成江南編譯局員李琠善圖畫欲仿明呂坤閨範例爲繪圖傳各一目畫未半丁亥革命圖稿喪失民國二年皖都督柏烈武聘　先君長國學社復綴拾舊稿補成之未幾　先君即世　師轍謹藏遺編仍思倩名手繪圖荏苒未就邇歲蒞蜀契友多請梓行　師轍亦以國事益艱岌乎不可終日斯編爲當世所急需又思稿本之散佚不復補圖先付剞劂仍列圖目於編耑以待海內好事君子爲之補繪以彌其闕罄香祝之矣民國廿七年元月男師轍謹識

國家圖書館出版品預行編目資料

百將圖傳／（清）丁日昌著；李浴日選輯. -- 初版.
-- 新北市：華夏出版有限公司, 2022.05
面； 公分. -- (中國兵學大系；12)
ISBN 978-986-0799-46-0(平裝)
1.軍事家 2.傳記 3.中國

782.21 110014490

中國兵學大系 012
百將圖傳

著　作　（清）丁日昌
選　輯　李浴日
印　刷　百通科技股份有限公司
電話：02-86926066 傳真：02-86926016
出　版　華夏出版有限公司
220 新北市板橋區縣民大道 3 段 93 巷 30 弄 25 號 1 樓
電話：02-32343788 傳真：02-22234544
E-mail：pftwsdom@ms7.hinet.net
總 經 銷　貿騰發賣股份有限公司
新北市 235 中和區立德街 136 號 6 樓
電話：02-82275988 傳真：02-82275989
網址：www.namode.com
版　次　2022 年 5 月初版一刷
特　價　新臺幣 800 元 (缺頁或破損的書，請寄回更換)

ISBN-13：978-986-0799-46-0